ポイント学習 **中国語初級**［改訂版］

序 ── はじめて中国語を学ぶみなさんへ

ようこそ、みなさん。

初めて中国語の世界の入り口に立ったみなさんを、心から歓迎します。

ところで、みなさんはどんな理由から中国語を学ぶ気になったのでしょう。中国の言葉そのものに興味を持ったからでしょうか。中国の人々、中国の歴史や文化に関心があるからでしょうか。

いや、特に立派な理由はないという人もいるかも知れません。「中国語独特のあの響きが面白いから、ちょっとのぞいてみたくなって」とか、「何がということはない、漠然とした興味から」とか……。

人それぞれ──それが自然な姿というものでしょう。

本格的な関心派はもちろん大歓迎ですし、ちょっとした好奇心派や漠然たる興味派も大いに歓迎します。それぞれがいま持っているその気持ちを大切にしてください。学んでいくうちに、小さなものが大きく育ち、実を結ぶことだって決して少なくありません。いずれにしろ、このテキストを手に取ったみなさんは、いまひとしく中国語という未知の世界への入り口に立ったのです。

さて、その入り口をくぐる前に、このテキストがどのように作られているか、あらかじめ紹介しておきましょう。

わたしたちがこのテキストを作る上でもっとも重視したのは次の三点です。

(1) 一つの単語、一つの表現を、「聞く」「話す」「読む」「書く」「訳す」という五つの面から多角的に学べるようにする。

(2) その条件を十全に満たすために、本文の内容は日常生活の身近な対話を中心とし、教室でも対話練習に重きを置けるようにする。

(3) 身近な対話の練習をしながら、中国語の基本がわかりやすく理解できるよう、文法や表現のポイントを一つ一つ系統的に積み上げていく。

いうまでもなく、外国語を学ぶ目的は異文化とのコミュニケーションです。(1)(2)(3) のどれをとっても、それをめざすテキストとして欠かせない要素ばかりです。

　教室での授業を通して相手のいいたいことを少しでも理解し、自分のいいたいことをカタコトでも表現できたら、それが異文化間コミュニケーションの始まりです。そのコミュニケーションの範囲を、無理なく、少しずつ拡大していけるように、このテキストは作られています。これにしたがって、一年間、一歩一歩着実に進めば、かならず中国語の基本をマスターできるでしょう。

　それでは、みなさん、未知の世界への入り口として「はじめに――中国語とは」を読んで、第一歩を踏み出してください。

1994 年春　著者一同

改訂版序

　初版からすでに16年。テキストは内容、デザインともに'時代遅れ'の弱点を見せていました。

　そんな折も折、大幅改訂の機会に恵まれたことは、著者として望外の喜びでした。これも、初版テキストを長くお使いいただいた、知人あるいは未知の先生がたの、温かいご支援のたまものと感謝します。

　さて、今回の改訂で私たちが目指したのは、テキストを新しい時代の学習者にあわせて一新すること。そのために特に力を注いだのは、次の三点でした。

(1) 時の経過とともに古さが目立ってきた単語や表現、対話などを、今にふさわしいものに更新する。

(2) カラーイラストを採り入れて、対話の場面や話題にのぼる事物を視覚化し、学習者が'臨場感'をもって学べるようにする。

(3) 単語欄、ポイント欄、メモ欄などを色分けし、各欄の印象を深めて、学習者の理解を助け、知識を整理しやすくする。

　古くなったものの更新については、初版テキストをお使いいただいた、同僚の先生がたにご意見を仰ぎました。豊かな学識と経験にもとづく積極的な提言が多数寄せられ、それが強力な後押しとなりました。まことに有難く、感謝に堪えません。仕上がりはまだまだ不十分なところがあると思いますが、今後とも変わらぬご指導、ご鞭撻をお願い申し上げます。

　カラーイラストはすべて、本テキストの韓国版から転載させていただいたものです。もともと韓国版は、1996年に本テキスト初版の翻訳版としてスタートしたのですが、2007年には大幅な改訂を行い、イラストをふんだんに採り入れるなど、つとに独自の進化を遂げていました。今回、そのイラストのエッセンスを当改訂

版に取り込ませていただいたわけです。中国語初級教科書のあるべき姿を追求する過程で、日本と韓国の間に良好な協力関係が築けたことも、私たちにとって大きな喜びでした。イラストの転載を快諾して下さった韓国版出版社の時事中国語社、イラストレーターのオ・ギョンジンさんに感謝と敬意を表します。

　レイアウトはじめデザイン全般については、デザイナーの向井裕一さんに大変お世話になりました。また、韓国版出版社との仲立ちを含む編集作業全般については、東方書店コンテンツ事業部の川崎道雄さん、家本奈都さんに多大のご尽力をいただきました。記して感謝の意を表します。

2010 年春　著者一同

凡例

一、構成について

（一）全体の構成

本テキストの全体の構成は下図に示すとおりである。

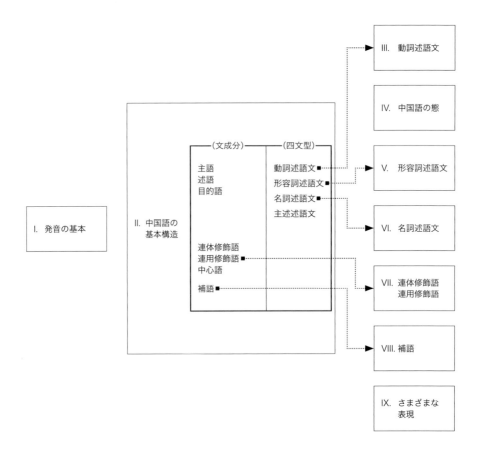

「I. 発音の基本」の後に、「II. 中国語の基本構造」を設けたのは、早い時期に中国語の構造のおおまかな骨格を示し、一年間に学ぶことのアウトラインを学習者自身が展望できるようにするためである。これにより、学習者はIII以下の各章が全体のどの部分に当たるのかを理解でき、また、教授者は授業中、主語、述語、目的語、修飾語、中心語、補語などの文成分、および述語成分の違いによる中国語の四文型などの基本概念をいつでも自由に使えることになる。

（二） 各課の構成

　　本テキストの各課は、発音をあつかったはじめの四課をのぞき、本文、新出単語、補充単語、ポイント、メモ、練習問題から構成した。

1.　新出単語欄では、本文に初出の単語を掲げ、説明した。
2.　補充単語欄では、本文に関連の深い単語を掲げ、説明した。クラスによって適宜取捨あるいは増補して活用していただきたい。
3.　ポイント欄では、文法上および表現上のポイントを整理して示した。
4.　メモ欄では、本文、ポイントと関連の深い知識を整理して示した。
5.　練習問題には、日文中訳、中文日訳問題などを配した。クラスによって、その中から適宜選んで練習していただきたい。

　　なお、中文日訳問題の中で（　）内に漢字を示したのは、それが未習の単語であることを表している。これには巻末の単語初出一覧表を活用することで対応していただきたい。

二、発 音 表 記 に つ い て

1.　本テキストの本文、およびポイントの例文には、ピンインによる発音表記を附した。
2.　発音表記は、原則として『現代漢語詞典』（商務印書館 2005 年版）に拠った。
3.　ピンインの正書法については、原則として「GB/T16159-1996 漢語拼音正詞法基本規則」（漢語拼音正詞法委員会起草、1996 年中華人民共和国国家技術監督局により勧奨国家標準〔GB/T〕として承認・施行された）に拠った。

三、文 法 体 系 に つ い て

1.　文法体系については、原則として国家対外漢語教学領導小組弁公室漢語水平考試部編『漢語水平等級標準与語法等級大綱』（高等教育出版社 1996 年刊）所収の「語法等級大綱」に拠った。

凡例　　　　　　　　　　　　　　　　　　　　　　　　　　　　　　　　　　　vii

2. 新出単語、補充単語には下記の略称によって品詞分類を示した。ただし、
   分類について諸説のある単語については、分類を行わなかった。

   品詞略称一覧

（名）	名詞	（名词）		（副）	副詞	（副词）
（代）	代詞	（代词）		（介）	介詞	（介词）
（動）	動詞	（动词）		（接）	接続詞	（连词）
（助動）	助動詞	（助动词、能愿动词）		（助）	助詞	（助词）
（形）	形容詞	（形容词）		（嘆）	感嘆詞	（叹词）
（数）	数詞	（数词）		（頭）	接頭語	（词头）
（量）	量詞	（量词）		（尾）	接尾語	（词尾）

   ※音声のある箇所には ⊙ マークをつけてあります。
   　マークの後の数字はトラック数を示します。
   ※音声は、各課のタイトルの後、「本文」より先に「新出単語」を収録して
   　います。テキストの掲載順とは異なりますので、ご注意ください。
   ※「本文」は「ゆっくり」と「ふつう」の2種類の速さで収録しています。

音声（MP3 形式）は東方書店ホームページからダウンロードできます

① https://www.toho-shoten.co.jp/jbook/download.html にアクセス
　（トップページから「音声ダウンロード」をクリックしてもアクセスできます）

② 『ポイント学習　中国語初級［改訂版］』の GO DOWNLOAD をクリック

③ 外部サイト（https://ebook-viewer.jp/）へ移動しますので、
　ダウンロードキー　4074946149　を入力して OK をクリックしてください

④「クリックでダウンロード開始」をクリックすると、
　音声データ（MP3 形式）を ZIP 形式でダウンロードします
　解凍して音楽再生ソフトなどに取り込んでご利用ください

＊スマートフォンやタブレット端末でダウンロードするには、解凍ソフトが必要です

ポイント学習 中国語初級 [改訂版] 目次

序——はじめて中国語を学ぶみなさんへ ………………………………………… ii

改訂版序 ………………………………………………………………………………… iv

凡例 ……………………………………………………………………………………… vi

はじめに　中国語とは ……………………………………………………………… 002

　　　ポイント——0.1　世界の中の中国と中国語
　　　ポイント——0.2　中国語とは

I. 発音の基本 …………………………………………………………… 005

第 一 課　　**发音 (一)** …………………………………………………………… 006

　　　ポイント——1.1　中国語の表記法
　　　ポイント——1.2　現代中国の漢字 "简体字 jiǎntǐzì"
　　　ポイント——1.3　ピンインの構造
　　　ポイント——1.4　単母音韻母
　　　ポイント——1.5　声調
　　　　　　　　　　　声調の調値
　　　　　　　　　　　動物のいろいろ①

第 二 課　　**发音 (二)** …………………………………………………………… 010

　　　ポイント——2.1　中国語音節表のみかた
　　　ポイント——2.2　声母一覧
　　　ポイント——2.3　無気音と有気音
　　　　　　　　　　　ピンインのつづり方①
　　　ポイント——2.4　捲舌音 (そり舌音)
　　　　　　　　　　　発音の違いに注意！　l と r
　　　ポイント——2.5　zi ci si の発音
　　　　　　　　　　　発音の違いに注意！
　　　　　　　　　　　　ze zi zu, ce ci cu, se si su
　　　　　　　　　　　動物のいろいろ②

第 三 課 　発音（三）···015
　　ポイント——3.1　韻母の構造
　　ポイント——3.2　韻母一覧
　　　　　　　　　　ピンインのつづり方②
　　　　　　　　　　ピンインのつづり方③
　　ポイント——3.3　韻尾 n と ng
　　　　　　　　　　発音の違いに注意！　eng と ong
　　　　　　　　　　発音の違いに注意！　ian と iang
　　　　　　　　　　動物のいろいろ③

第 四 課 　发音（四）···022
　　ポイント——4.1　二音節語の声調 20 パターン
　　ポイント——4.2　軽声の発音
　　ポイント——4.3　第三声の変調
　　ポイント——4.4　児化韻
　　ポイント——4.5　児化韻の発音
　　　　　　　　　　動物のいろいろ④

第 五 課 　您贵姓?
　　　　　　　　···026
　　ポイント——5.1　人称代詞
　　ポイント——5.2　姓名のたずね方、こたえ方
　　　　　　　　　　よく使われるあいさつことば
　　　　　　　　　　日本の十大姓
　　　　　　　　　　中国の十大姓

II. 中 国 語 の 基 本 構 造 ···033

第 六 課 　你学习什么?
　　動 詞 述 語 文···034
　　ポイント——6.1　主語と述語
　　　　　　　　　　述語成分の違いによる文の分類
　　ポイント——6.2　中国語の四文型①　動詞述語文
　　ポイント——6.3　動詞述語と目的語
　　ポイント——6.4　動詞述語文のたずね方、こたえ方
　　ポイント——6.5　疑問代詞疑問文
　　　　　　　　　　専攻分野のいろいろ

目次　　　　　　　　　　　　　　　　　　　　　　　　　　　　　　　　　　　　　xi

第 七 課　北京大学很大

形 容 詞 述 語 文 ……………………………………………………………………………… 040

ポイント—7.1　中国語の四文型②　形容詞述語文

ポイント—7.2　形容詞述語文のたずね方、こたえ方

第 八 課　我十八岁

名 詞 述 語 文 ……………………………………………………………………………………… 044

ポイント—8.1　中国語の四文型③　名詞述語文

ポイント—8.2　数の数え方①

　　　　　　　発音の注意点　一 yī の変調

ポイント—8.3　年齢のたずね方、こたえ方

　　　　　　　名詞述語文のいろいろ

　　　　　　　去年・今年・来年

第 九 課　你哪儿不舒服?

主 述 述 語 文 ……………………………………………………………………………………… 050

ポイント—9.1　中国語の四文型④　主述述語文

ポイント—9.2　主述述語文のたずね方、こたえ方

　　　　　　　身体各部のいい方

第 十 課　一年级的学生都学外语

連 体 修 飾 語、連 用 修 飾 語 …………………………………………………………… 056

　　　　　　　発音の注意点　不 bù の変調

ポイント—10.1　連体修飾語、連用修飾語

ポイント—10.2　連体修飾語と構造助詞 的 de

ポイント—10.3　連体修飾語、連用修飾語をふくむ文の構造

第 十 一 課　你每天看几个小时?

補 語 …………………………………………………………………………………………………… 062

ポイント—11.1　補語

ポイント—11.2　数量補語

　　　　　　　補語の種類

ポイント—11.3　二 èr と 两 liǎng の違い

III. 動 詞 述 語 文 ·· 067

第 十 二 課 **她是谁?**

動 詞 述 語 文 (一) ·· 068

ポイント—12.1 構造助詞 的 de の省略
国名・地域名のいろいろ

ポイント—12.2 省略疑問文

ポイント—12.3 反復疑問文

第 十 三 課 **这是什么?**

動 詞 述 語 文 (二) ·· 074

ポイント—13.1 指示代詞①

ポイント—13.2 数詞＋量詞〜

ポイント—13.3 指示代詞＋数詞＋量詞〜

ポイント—13.4 中心語の省略

第 十 四 課 **你有铅笔吗?**

動 詞 述 語 文 (三) ·· 080

ポイント—14.1 所有を表す 有 yǒu

ポイント—14.2 所有を表す文のたずね方、こたえ方

ポイント—14.3 「〜していいですか?」
文房具のいろいろ

第 十 五 課 **你家有几口人?**

動 詞 述 語 文 (四) ·· 086

ポイント—15.1 家族構成のたずね方、こたえ方
親族名称

第 十 六 課 **这儿有邮筒吗?**

動 詞 述 語 文 (五) ·· 092

ポイント—16.1 指示代詞②

ポイント—16.2 存在を表す 有 yǒu

ポイント—16.3 所在を表す 在 zài

ポイント—16.4 方位名詞 里边儿 lǐbianr と 里 li
方位名詞のいろいろ
公共施設のいろいろ

目次 xiii

第 十 七 課　　请再念一次

動 詞 述 語 文〈六〉 ──────────────────── 100

ポイント──17.1　名量詞と動量詞

ポイント──17.2　「もう…だけ〜する」

ポイント──17.3　動詞の重ね型「ちょっと〜する」

ポイント──17.4　語気助詞吧 ba のつかい方①

第 十 八 課　　去中国干什么？

動 詞 述 語 文〈七〉 ──────────────────── 106

ポイント──18.1　連動文

　　　　　　　　乗り物のいろいろ

IV. 中国語の態 ──────────────────────── 113

第 十 九 課　　这本书你看了吗？

完 了 態 ────────────────────────── 114

ポイント──19.1　完了態

ポイント──19.2　完了態のたずね方、こたえ方

ポイント──19.3　「すでに〜した」「まだ〜していない」

ポイント──19.4　目的語をともなう文の完了態

第 二 十 課　　快要考试了

変 化 態 ────────────────────────── 120

ポイント──20.1　変化態

ポイント──20.2　「もうすぐ〜だ」

第 二十一 課　　你去过海边儿吗？

経 験 態 ────────────────────────── 126

ポイント──21.1　経験態

ポイント──21.2　経験態のたずね方、こたえ方

ポイント──21.3　「〜できる」「〜できない」

第 二十二 課　　你在做什么呢？

進 行 態・持 続 態 ──────────────────── 132

ポイント──22.1　進行態

xiv

ポイント──22.2　持続態
　　　　　　　進行態と持続態の違い

V. 形容詞述語文 ··· 137

第二十三課　　水饺好吃吗?

形 容 詞 述 語 文 (一) ································· 138

ポイント──23.1　有点儿 yǒudiǎnr ～と 太 tài ～
　　　　　　　程度副詞のいろいろ

第二十四課　　明天比今天还热

形 容 詞 述 語 文 (二) ································· 142

ポイント──24.1　比較表現①「A は B より～だ」
ポイント──24.2　比較表現②「A は B と同じくらい～だ」
ポイント──24.3　比較表現③「A は B ほど～でない」
　　　　　　　四季と寒暑

第二十五課　　比泰山高一点儿

形 容 詞 述 語 文 (三) ································· 148

ポイント──25.1　「…はどれくらい～か?」
ポイント──25.2　数の数え方② 1,111 のいい方
ポイント──25.3　比較表現④「A は B よりちょっと（ずっと）～だ」
ポイント──25.4　比較表現⑤「A は B より…だけ～だ」
　　　　　　　長さの単位

VI. 名 詞 述 語 文 ··· 155

第二十六課　　今天几月几号?

名 詞 述 語 文 (一) ································· 156

ポイント──26.1　月日のたずね方、こたえ方
ポイント──26.2　曜日のたずね方、こたえ方
ポイント──26.3　曜日のいい方
　　　　　　　きのう・きょう・あした

目次　　　　　　　　　　　　　　　　　　　　　　　　XV

第二十七課　現在几点?
名詞述語文（二） 162
ポイント──27.1　時刻のたずね方、こたえ方
ポイント──27.2　時刻のいい方①
ポイント──27.3　時刻のいい方② 刻 kè
ポイント──27.4　時刻のいい方③「〜時〜分前」
　　　　　　　　朝・昼・晩

第二十八課　这只手表多少钱?
名詞述語文（三） 168
ポイント──28.1　金額のいい方
ポイント──28.2　金額のたずね方、こたえ方
ポイント──28.3　数の数え方③ 104 のいい方
ポイント──28.4　数の数え方④ 2,222 のいい方
ポイント──28.5　数の数え方⑤ 2,200 のいい方

VII. 連体修飾語・連用修飾語 175

第二十九課　你的这件新毛衣真漂亮!
連体修飾語 176
ポイント──29.1　連体修飾語と構造助詞 的 de
ポイント──29.2　連体修飾語の語順

第三十課　我在饭馆儿辛辛苦苦地干了一个月
連用修飾語 182
ポイント──30.1　連用修飾語の位置
ポイント──30.2　介詞句からなる連用修飾語
　　　　　　　　介詞のいろいろ
ポイント──30.3　連用修飾語と構造助詞 地 de
ポイント──30.4　連用修飾語の語順

VIII. 補語 187

第三十一課　谁打得好?

程度補語 188
ポイント——31.1　程度補語
ポイント——31.2　程度補語のたずね方、こたえ方
ポイント——31.3　程度補語と目的語
　　　　　　　　球技のいろいろ

第三十二課　你打了几年网球?

数量補語 194
ポイント——32.1　数量補語
ポイント——32.2　数量補語と目的語
ポイント——32.3　数量補語と語気助詞 了 le

第三十三課　对不起，我打错了

結果補語 200
ポイント——33.1　結果補語
ポイント——33.2　結果補語のたずね方、こたえ方
ポイント——33.3　結果補語と目的語
　　　　　　　　結果補語のいろいろ

第三十四課　你退回去吧

方向補語 206
ポイント——34.1　是 shì ～的 de 構文
ポイント——34.2　是 shì ～的 de 構文のたずね方、こたえ方
ポイント——34.3　方向補語 来 lai と 去 qu
ポイント——34.4　複合方向補語
　　　　　　　　複合方向補語のいろいろ
　　　　　　　　家電製品のいろいろ

第三十五課　我听不懂

可能補語 214
ポイント——35.1　可能補語
ポイント——35.2　可能補語と助動詞
ポイント——35.3　可能補語のたずね方、こたえ方

IX. さまざまな表現 219

第三十六課　我不想见他

助動詞 220

ポイント——36.1　「〜したい」「〜しなければならない」
ポイント——36.2　「〜するな、〜しないでください」
ポイント——36.3　助動詞を用いた文のたずね方、こたえ方

第三十七課　让谁讲好呢？

兼語文 226

ポイント——37.1　兼語文
ポイント——37.2　使役表現
ポイント——37.3　「〜してもらう」

第三十八課　衣服都被淋湿了

受け身表現 230

ポイント——38.1　受け身表現
ポイント——38.2　介詞 被 bèi と 让 ràng、叫 jiào

第三十九課　我把衬衫弄脏了

把 bǎ 構文 234

ポイント——39.1　把 bǎ 構文
ポイント——39.2　把 bǎ 構文の動詞

第四十課　大楼门口出来了一个高个子

存現文 238

ポイント——40.1　存現文
ポイント——40.2　存現文における目的語
　　　　　　　　自然現象のいい方

単語初出一覧表 244
日本語索引 261

ポイント学習 中国語初級［改訂版］

発音の基本	I
中国語の基本構造	II
動詞述語文	III
中国語の態	IV
形容詞述語文	V
名詞述語文	VI
連体修飾語・連用修飾語	VII
補語	VIII
さまざまな表現	IX

はじめに
中国語とは

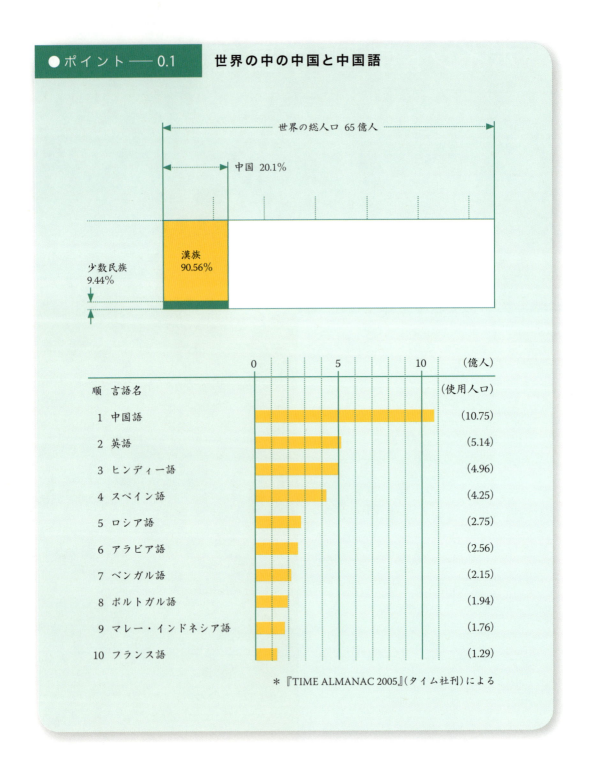

● ポイント —— 0.1　世界の中の中国と中国語

* 『TIME ALMANAC 2005』（タイム社刊）による

まずはグローバルな視点から中国という国を概観してみましょう。

　現在の中国の国土面積は 960 万平方キロメートル。日本の国土面積が 37 万 2千平方キロメートルですから、およそ 25 倍強。一国でヨーロッパの総面積とほぼ同じ国土を有している計算になります。さらにその人口について見てみますと、中華人民共和国国家統計局が実施した人口調査によれば、2005 年現在の総人口は 13 億 628 万人（香港、マカオ、台湾を除く）。これまた一国で世界の総人口の20.1％を占める計算になります。

　つぎに中国国内へと目を向けてみますと、これほどの国土と人口とを有するにもかかわらず、数千年にわたる統一事業の結果、中国には「漢族」と呼ばれる比較的均質な民族が形成され、その人口は実に 11 億 8295 万人、総人口の 90.56％を占めるにいたっています。「チワン族」「チベット族」「ウイグル族」「モンゴル族」といったいわゆる少数民族は、現在その数 55、累計人口も 1 億 2333 万人にのぼっています。

> ● ポイント —— 0.2 　　**中国語とは**
>
> 中国語……中国の全人口の９割以上を占める漢族の
> 　　　　　民族共通語である 普通话 pǔtōnghuà のこと

　つぎに、みなさんが今日から勉強する「中国語」について簡単に説明することにしましょう。

　すでに述べたとおり、中国は漢族と 55 の少数民族からなる多民族国家です。このため「中国人が話す言葉」という意味で「中国語」といった場合、そこには当然数多くの少数民族語が含まれます。そこで、こうした曖昧さをなくすために、中国では全人口の９割以上を占める漢族の言語を特に 汉语 Hànyǔ と呼んで、他の少数民族語と区別しています。

はじめに

とはいえ、この 汉语 Hànyǔ も全人類の5分の1強にあたる13億余りの人々によって話されているわけですから、当然かなりの方言差が生じています。このため中国では近代以降、漢字の読音の統一などに代表される国語統一運動が急ピッチで推進されてきましたが、新中国成立後の1955年、全国文字改革会議において漢族の民族共通語としての 普通话 pǔtōnghuà という名称が、①現代北京語の発音を標準音とする、②北方語を基礎方言とする、③典型的な現代口語文による作品を文法規範とする、という定義とともに、正式に採用されることになりました。

　つまり、みなさんが今日から勉強する「中国語」とは、この 汉语 Hànyǔ の共通語である 普通话 pǔtōnghuà のことなのです。

発音の基本

I

中国語の基本構造　II

動詞述語文　III

中国語の態　IV

形容詞述語文　V

名詞述語文　VI

連体修飾語・連用修飾語　VII

補語　VIII

さまざまな表現　IX

第一课
Dì-yī kè

发音（一）
fāyīn (yī)

●ポイント── 1.1　中国語の表記法

中国語の表記法称 ┌ ①漢　字……书
　　　　　　　　 └ ②ピンイン……shū

中国語は①漢字と②ピンイン（漢語拼音方案）によって表記されます。

●ポイント── 1.2　現代中国の漢字 "简体字 jiǎntǐzì"

①異体字の整理　　　泪　}→泪
　　　　　　　　　 泪
②漢字の簡略化　　　習 → 习
③印刷字体の変更　　骨 → 骨

中国では漢字の画数をできるだけ少なくするため、異体字の整理や字体の簡略化、印刷字体の変更などが行われました。これを "简体字 jiǎntǐzì" といいます。日本の漢字とは字体の大きく異なるもの、字体は似ているが画数が微妙に違うものなどがあります。

ドリル

次にあげる中国の漢字は日本の漢字と字体は似ているものの、画数が微妙に違います。総画数が何画になるか数えてみよう。

①着（　） ②步（　） ③修（　） ④以（　） ⑤象（　）

●ポイント── 1.3　　ピンインの構造

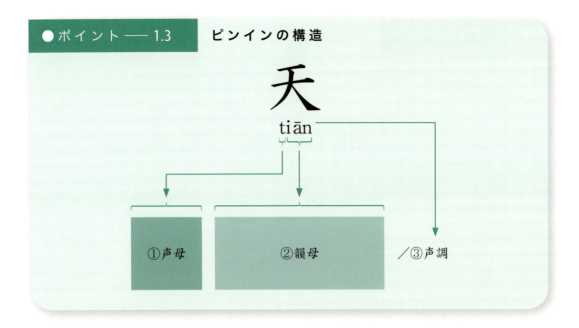

　ピンインは、①声母、②韻母、③声調という三つの要素からできています。

①声母……音節のあたまの子音をいいます。中国語には21種類の声母があります。
②韻母……音節から声母を除いた残りの部分をいいます。中国語には39種類の韻母があります。
③声調……音節ごとの高低アクセントをいいます。中国語には、第一声、第二声、第三声、第四声の4種類の声調があり、その種類は声調記号によって表します。

ドリル

次の（　）の中に適当なことばを入れてみよう。

中国語の表音法であるピンインは、（　　）、（　　）、（　　）という三つの要素によって構成されている。たとえば、天 tiān を例にとると、音節の頭の子音 t を（　　）といい、残りの ian の部分を（　　）といい、母音 a の上につけられた ˉ など4種類の記号によって表される音節ごとの高低アクセントを（　　）という。

● ポイント── 1.4　　単母音韻母

```
a  [a] ……「ア」
o  [o] …… 唇をすぼめて「オ」
e  [ɤ] ……「エ」の唇の形で「ウ」
er [ɚ] …… ə を発音しながら舌をそり上げる
i  [i] …… 唇をしっかりと左右に引いて「イ」
u  [u] …… 唇をしっかりすぼめて「ウ」
ü  [y] …… 唇をしっかりすぼめて「イ」
```

ドリル

発音の違いに注意して練習してみよう。
① e u　　② i ü　　③ e u　　④ i ü

● ポイント── 1.5　　声調

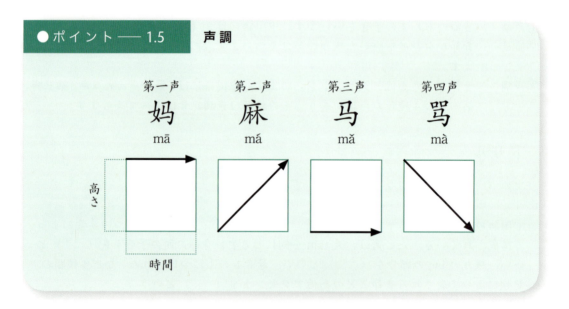

　中国語では、高いか低いかによって第一声と第三声を、しり上がりかしり下がりかによって第二声と第四声をそれぞれ区別しています。
　単独で発音する場合、第三声はややしり上がりになりますが、これについては次の「声調の調値（音の高さの変化の相対値）」を参照してください。

● メモ ── 1.1　　**声調の調値**

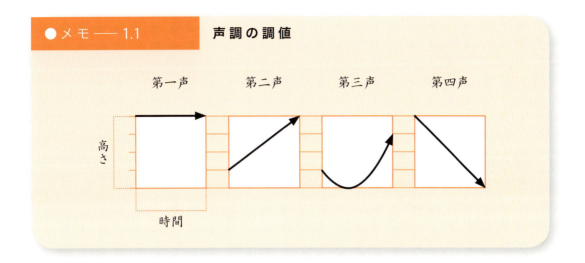

ドリル

声調に注意しながら、次のピンインを発音してみよう。
① ā　á　ǎ　à　　② ō　ó　ǒ　ò
③ ē　é　ě　è　　④ mā　má　mǎ　mà

● メモ ── 1.2　　**動物のいろいろ①**

1. 鹅　　é　　　　（名）　ガチョウ
2. 马　　mǎ　　　（名）　ウマ

I 発音の基本

第二课
Dì-èr kè

发音（二）
fāyīn (èr)

　巻末の「中国語音節表」を開いてみましょう

　「中国語音節表」は、声母と韻母の組み合わせからなる中国語の全音節を一覧表にまとめたもので、日本語の五十音図にあたります。

　この表に挙げられた 400 あまりのつづりをしっかりマスターすれば、中国語を正確に発音し、記述することが可能になります。

● ポイント── 2.1　　**中国語音節表のみかた**

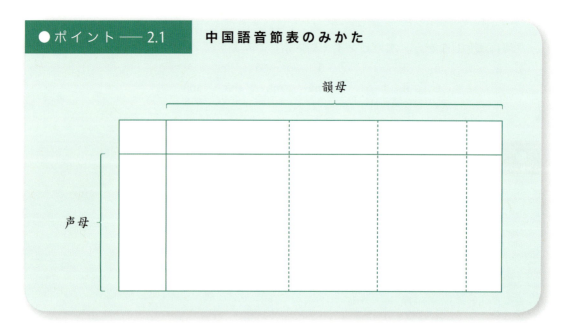

　「中国語音節表」には、縦に声母、横に韻母が並べられています。

● ポイント —— 2.2　声母一覧

（例）

唇音	b	[p]	…… 無気音		bō
	p	[pʻ]	…… 有気音		pō
	m	[m]			mō
	f	[f]			fō
舌尖音	d	[t]	…… 無気音		dē
	t	[tʻ]	…… 有気音		tē
	n	[n]			nē
	l	[l]			lē
舌根音	g	[k]	…… 無気音		gē
	k	[kʻ]	…… 有気音		kē
	h	[x]			hē
舌面音	j	[tɕ]	…… 無気音（「チ」の子音）		jī
	q	[tɕʻ]	…… 有気音（「チ」の子音）		qī
	x	[ɕ]	（「シ」の子音）		xī
捲舌音	zh	[tʂ]	…… 無気音		zhī
	ch	[tʂʻ]	…… 有気音		chī
	sh	[ʂ]			shī
	r	[ʐ]			rī
舌歯音	z	[ts]	…… 無気音（「ツ」の子音）		zī
	c	[tsʻ]	…… 有気音（「ツ」の子音）		cī
	s	[s]			sī

Ⅰ 発音の基本

02

● ポイント ── 2.3　無気音と有気音

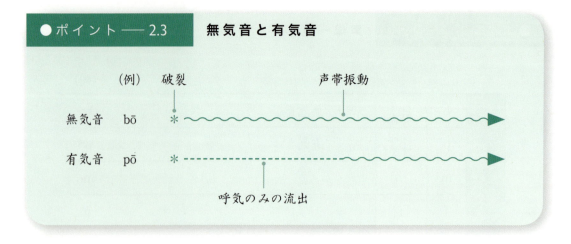

　無気音は、破裂とほぼ同時に声帯振動が始まります。
　有気音は、破裂の後、しばらく呼気のみの流出が続いてから、声帯振動が始まります。
　声帯振動は、のどぼとけに指先を軽くあててみればわかりますから、声帯振動の始まりの時期を自分でコントロールできるように練習してください。

ドリル

有気音と無気音の違いに注意して練習してみよう。
① bō pō　　② dē tē　　③ gē kē　　④ jī qī
⑤ bù pù　　⑥ dú tú　　⑦ gǔ kǔ　　⑧ jù qù

● メモ ── 2.1　ピンインのつづり方①

n + ü → nü	} üの‥はそのまま	女 nǚ
l + ü → lü		旅 lǚ
j + ü → ju	} üの‥は省略される	句 jù
q + ü → qu		去 qù
x + ü → xu		许 xǔ

● ポイント──2.4　捲舌音（そり舌音）

zh　chの調音点

sh　rの調音点

　捲舌音（そり舌音）は、舌をちょうどスプーンの形のようにそらせ、舌の尖端よりもやや裏側で発音します。

ドリル

捲舌音の発音に注意して練習してみよう。
① zhī　　② chī　　③ shī　　④ rī

ドリル

発音の違いに注意して練習してみよう。
① jī zhī　　② qī chī　　③ xī shī　　④ zhǐ chǐ

● メモ──2.2　発音の違いに注意！　lとr

| l | [l] | …… | 英語のlと同じ | 力 lì |
| r | [ʐ] | …… | 捲舌音（そり舌音） | 日 rì |

ドリル

発音の違いに注意して練習してみよう。
① rì lì　　② rú lú　　③ rè lè

Ⅰ 発音の基本

02

● ポイント ── 2.5　　zi　ci　si の発音

zi　[tsɿ]　⎫
ci　[ts'ɿ]　⎬ ……　「イ」の唇の形で「ツ」　　　　字　zì
　　　　　⎭　　　　　　　　　　　　　　　　　　　　次　cì
si　[sɿ]　　……　「イ」の唇の形で「ス」　　　　四　sì

zi　ci　si の i は、他の i と異なり、「イ」の唇の形で「ウ」と発音します。

● メモ ── 2.3　　発音の違いに注意！ ze zi zu, ce ci cu, se si su

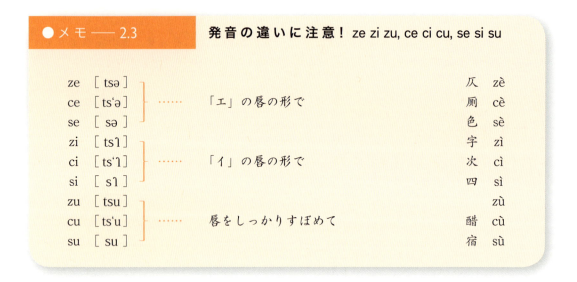

ドリル

発音の違いに注意して練習してみよう。
① zè zì zù　　② cè cì cù　　③ sè sì sù
④ zè cè　　　⑤ zì cì　　　　⑥ zù cù

● メモ ── 2.4　　動物のいろいろ②

1. 驴　lǘ　　（名）ロバ
2. 鸡　jī　　（名）ニワトリ
3. 猪　zhū　（名）ブタ
4. 蛇　shé　（名）ヘビ

第三课
Dì-sān kè

发音（三）
fāyīn (sān)

● ポイント —— 3.1　韻母の構造

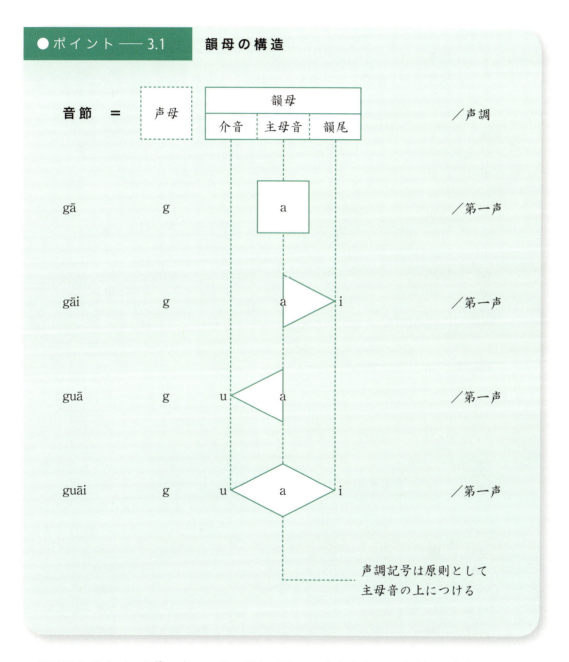

韻母は主母音（一音節の中で口腔の開きがもっとも大きくなる母音）が介音や韻尾をともなうかどうかにより、上記の四つのパターンに分けられます。
　声調記号は、原則として主母音の上につけます。

● ポイント── 3.2　　韻母一覧

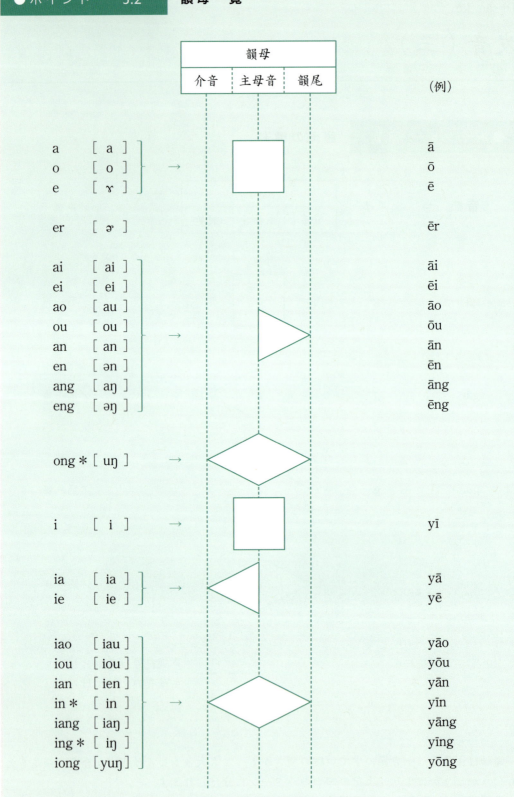

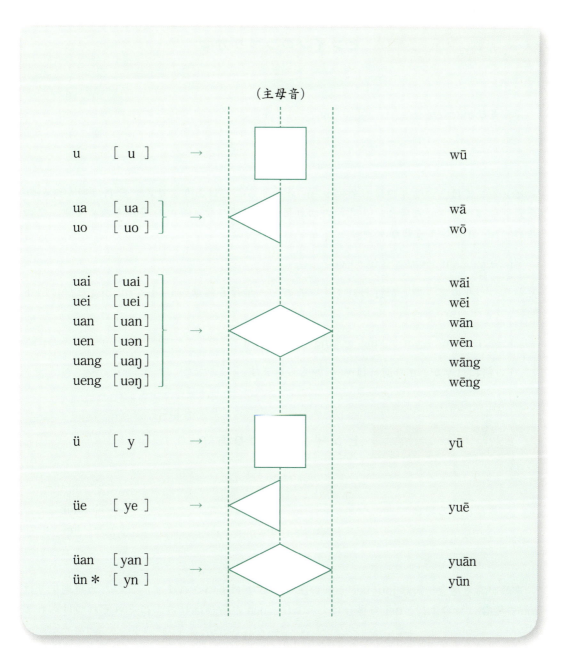

* ong は音韻的には ueng と同じで、ここでは◇型に分類しています。
* in ing ün は i＋en i＋eng ü＋en の主母音 e が省略されたもので、ここでは◇型に分類しています。

I 発音の基本

● メモ ── 3.1　ピンインのつづり方②

声母がない場合	ia → ya	鴨 yā
	ua → wa	蛙 wā
	ü → yu	魚 yú

　ピンインでは、つづりのはじめに i u ü がくることはありません。これはいくつかの音節をつづき書きした場合に、音節の切れ目が不明確になることを避けるためです。このため i u ü で始まる韻母が声母をともなわない場合、

　　　i- → y-　　u- → w-　　ü- → yu-

というつづりの書き換えが行われます。ただし、単母音韻母の i u と in ing だけは例外的に、

　　　i → yi　　in → yin　　ing → ying　　u → wu

と、i の前には y が、u の前には w が加えられます。

● メモ ── 3.2　ピンインのつづり方③

声母がある場合	iou → iu	九 jiǔ
	uei → ui	对 duì
	uen → un	论 lùn

　声母がある場合、韻母 iou uei uen の主母音 o e は省略されます。このため声調記号は、iou の場合は u の上に、uei の場合は i の上に、uen の場合は u の上にそれぞれつけられます。

ドリル

次にあげるピンインの声調記号の位置の誤りを正してみよう。
① maǐ　　② xǐe　　③ doū　　④ gúo
⑤ jiaò　　⑥ huaì　　⑦ lìu　　⑧ shùi

●ポイント —— 3.3　　韻尾 n と ng

n の調音点

ng の調音点

ドリル

韻尾の違いに注意して練習してみよう。
① ān　āng　　② ēn　ēng　　③ yīn　yīng　　④ wān　wāng

● メモ —— 3.3　　発音の違いに注意！　eng と ong

eng　　［ əŋ ］　　……　唇を横に引いて「オン」
ong　　［ uŋ ］　　……　唇を丸く突き出して「オン」

ドリル

eng と ong の違いに注意して練習してみよう。
① dēng　dōng　　② tēng　tōng　　③ nēng　nōng
④ lēng　lōng　　⑤ gēng　gōng　　⑥ kēng　kōng

● メモ —— 3.4　　発音の違いに注意！　ian と iang

ian　　［ ien ］　　……　主母音 a は「エ」と発音する
iang　　［ iaŋ ］　　……　主母音 a は「ア」と発音する

ドリル

ian　iang の違いに注意して練習してみよう。
① yān　yāng　　② niān　niāng　　③ liān　liāng
④ jiān　jiāng　　⑤ qiān　qiāng　　⑥ xiān　xiāng

● メモ —— 3.5　　動物のいろいろ③

1. 猫　māo　　（名）ネコ
2. 狗　gǒu　　（名）イヌ
3. 牛　niú　　（名）ウシ
4. 羊　yáng　　（名）ヒツジ

Ⅰ 発音の基本

第四课
Dì-sì kè

发音（四）
fāyīn (sì)

● ポイント──4.1　二音節語の声調20パターン

1. 第一声＋第一声　　飞机 fēijī　　　咖啡 kāfēi
2. 第一声＋第二声　　中国 Zhōngguó　经营 jīngyíng
3. 第一声＋第三声　　铅笔 qiānbǐ　　黑板 hēibǎn
4. 第一声＋第四声　　音乐 yīnyuè　　医院 yīyuàn
5. 第一声＋軽声　　　妈妈 māma　　哥哥 gēge
6. 第二声＋第一声　　毛衣 máoyī　　明天 míngtiān
7. 第二声＋第二声　　红茶 hóngchá　文学 wénxué
8. 第二声＋第三声　　词典 cídiǎn　　牛奶 niúnǎi
9. 第二声＋第四声　　学校 xuéxiào　杂志 zázhì
10. 第二声＋軽声　　　葡萄 pútao　　学生 xuésheng

11. 第三声＋第一声	老师 lǎoshī		北京 Běijīng	
12. 第三声＋第二声	网球 wǎngqiú		旅行 lǚxíng	
13. 第三声＋第三声	手表 shǒubiǎo		你好 nǐ hǎo	
14. 第三声＋第四声	考试 kǎoshì		法律 fǎlǜ	
15. 第三声＋軽声	椅子 yǐzi		姐姐 jiějie	
16. 第四声＋第一声	面包 miànbāo		汽车 qìchē	
17. 第四声＋第二声	练习 liànxí		大学 dàxué	
18. 第四声＋第三声	日本 Rìběn		电影 diànyǐng	
19. 第四声＋第四声	再见 zàijiàn		电话 diànhuà	
20. 第四声＋軽声	妹妹 mèimei		弟弟 dìdi	

中国語の単語は、そのほとんどが単音節または二音節であり、なかでも二音節語は語数、使用頻度ともに全体の6～7割強を占めています。

ここにあげた20パターンの声調の組み合わせを、はっきりと聞き分けられ、また正しく発音できるよう、しっかり練習してください。

Ⅰ 発音の基本

04

●ポイント── 4.2　軽声の発音

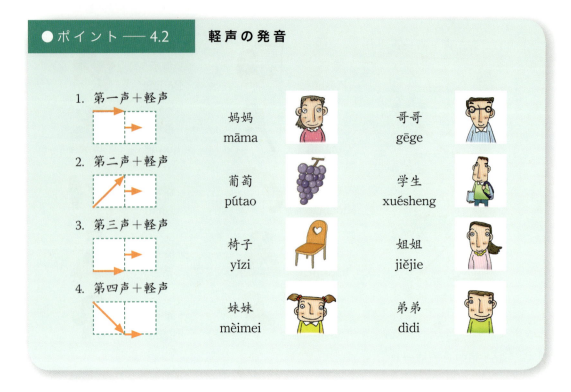

　軽声とは、一つの音節が単語あるいは文の中でその本来の声調を失い、軽く短く発音される現象をいいます。

　軽声は、上図のように、第一声、第二声、第三声の後では中ぐらいの高さで、第四声の後では低く発音され、また、いずれの場合も軽く、短く発音されます。

●ポイント── 4.3　第三声の変調

　第三声と第三声が連続した場合、前の第三声は第二声に変えて発音します。このため、第二声＋第三声と第三声＋第三声の組み合わせは、結果的に同じアクセントになります。

ドリル

発音を聞いてピンインで書き取ってみよう。

① _____ ② _____ ③ _____

④ _____ ⑤ _____ ⑥ _____

● ポイント —— 4.4　児化韻

　　　　　　　（児化）
　花　＋　儿　→　花儿　……児化韻
　huā　　ér　　　huār

音節の最後に舌先をまきあげて発音する韻母を児化韻といいます。

● ポイント —— 4.5　児化韻の発音

児化韻の韻尾iとnは発音されない

块　＋　儿　→　块儿
kuài　　ér　　　kuàir

点　＋　儿　→　点儿
diǎn　　ér　　　diǎnr

韻尾iまたはnをともなう韻母が児化した場合、韻尾のi、nは発音されません。

● メモ —— 4.1　動物のいろいろ④

1. 狮子　shīzi　　　（名）ライオン
2. 熊猫　xióngmāo　（名）パンダ
3. 老虎　lǎohǔ　　　（名）トラ
4. 兔子　tùzi　　　　（名）ウサギ

I 発音の基本

05

第五课
Dì-wǔ kè

您 贵 姓？
Nín guì xìng?

登場人物の紹介

李 杰
Lǐ Jié

北京大学から来た交換留学生
文学部一年生

佐藤 一郎
Zuǒténg Yīláng

文学部一年生

渡边 由美
Dùbiān Yóuměi

法学部一年生

李　　 ：你们 好！
Lǐ　　　Nǐmen hǎo!

佐藤：
Zuǒténg
　　　　你 好！
渡边：　Nǐ hǎo!
Dùbiān

李　　 ：我 叫 李 杰。您 贵 姓？
Lǐ　　　Wǒ jiào Lǐ Jié. Nín guì xìng?

佐藤：我 姓 佐藤。
Zuǒténg Wǒ xìng Zuǒténg.

李　　 ：叫 什么 名字？
Lǐ　　　Jiào shénme míngzi?

佐藤：我 叫 佐藤 一郎。
Zuǒténg Wǒ jiào Zuǒténg Yīláng.

李　　 ：你 叫 什么 名字？
Lǐ　　　Nǐ jiào shénme míngzi?

渡边：我 叫 渡边 由美。
Dùbiān Wǒ jiào Dùbiān Yóuměi.

● 新出単語 ── 5

1.	你	nǐ	（代）	あなた、きみ
	你们	nǐmen	（代）	あなたがた、きみたち
2.	你好	nǐ hǎo		こんにちは（相手が一人の場合）
	你们好	nǐmen hǎo		こんにちは（相手が二人以上の場合）
3.	我	wǒ	（代）	わたし、ぼく
4.	叫	jiào	（動）	（名あるいはフルネームを）～という
5.	李杰	Lǐ Jié	（名）	人名
6.	您	nín	（代）	你 nǐ の敬語
7.	贵姓	guì xìng		相手の姓をたずねる丁寧な表現
8.	姓	xìng	（動名）	（姓を）～という
9.	佐藤一郎	Zuǒténg Yīláng	（名）	人名
10.	什么	shénme	（代）	なに
11.	名字	míngzi	（名）	名前
12.	渡边由美	Dùbiān Yóuměi	（名）	人名

I 発音の基本

05

027

●ポイント——5.1　人称代詞

		一人称	二人称	三人称			疑問代詞
		わたし	あなた	かれ	かのじょ	それ	だれ
単数		我 wǒ	你 nǐ	他 tā	她 tā	它 tā	谁 shéi (shuí とも)
単数	敬語		您 nín				谁 shéi (shuí とも)
複数		我们 wǒmen	你们 nǐmen	他们 tāmen	她们 tāmen	它们 tāmen	谁 shéi (shuí とも)
複数	敬語						谁 shéi (shuí とも)

●ポイント——5.2　姓名のたずね方、こたえ方

①姓のたずね方、こたえ方

您 贵 姓？
Nín guì xìng?

我 姓 佐藤。
Wǒ xìng Zuǒténg.

✕我 姓 佐藤 一郎。

②フルネームのたずね方、こたえ方

您 叫 什么 名字？
Nín jiào shénme míngzi?

我 叫 佐藤 一郎。
Wǒ jiào Zuǒténg Yīláng.

✕我 叫 佐藤。

●メモ——5.1　よく使われるあいさつことば

①こんにちは

同学们　好!
Tóngxuémen hǎo!

老师　好!
Lǎoshī hǎo!

②さようなら

再见!
Zàijiàn!

再见!
Zàijiàn!

③ありがとう

谢谢!
Xièxie!

不　客气!
Bú kèqi!

④ごめんなさい

对不起!
Duìbuqǐ!

没　关系!
Méi guānxi!

I 発音の基本

● メモ —— 5.2　　日本の十大姓 (佐久間英『名前・なまえ』ポプラ社より)

1.	鈴木	Língmù	6.	高橋	Gāoqiáo
2.	佐藤	Zuǒténg	7.	小林	Xiǎolín
3.	田中	Tiánzhōng	8.	中村	Zhōngcūn
4.	山本	Shānběn	9.	伊藤	Yīténg
5.	渡辺	Dùbiān	10.	斎藤	Zhāiténg

● メモ —— 5.3　　中国の十大姓 (陳原『現代漢語定量分析』上海教育出版社より)

1.	李	Lǐ	6.	杨	Yáng
2.	王	Wáng	7.	赵	Zhào
3.	张	Zhāng	8.	黄	Huáng
4.	刘	Liú	9.	周	Zhōu
5.	陈	Chén	10.	吴	Wú

練習問題

1. 中国語で自分の姓名を発音できるよう、辞書を引いて調べてみよう。

①

您 贵 姓?
Nín guì xìng?

我 姓 _____。
Wǒ xìng

②

您 叫 什么 名字?
Nín jiào shénme míngzi?

我 叫 _____。
Wǒ jiào

中国語の基本構造

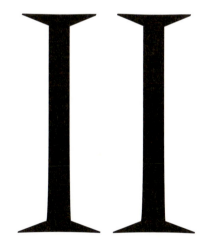

発音の基本	I
	II
動詞述語文	III
中国語の態	IV
形容詞述語文	V
名詞述語文	VI
連体修飾語・連用修飾語	VII
補語	VIII
さまざまな表現	IX

第六课
Dì-liù kè

你 学习 什么？
Nǐ xuéxí shénme?

李　　：你 是 学生 吗?
Lǐ　　　Nǐ shì xuésheng ma?

渡边　：是，我 是 学生。
Dùbiān　Shì, wǒ shì xuésheng.

李　　：你 学习 什么?
Lǐ　　　Nǐ xuéxí shénme?

渡边　：我 学习 法律。
Dùbiān　Wǒ xuéxí fǎlǜ.

李　　：你 也 是 学生 吗?
Lǐ　　　Nǐ yě shì xuésheng ma?

佐藤　：是，我 也 是 学生。
Zuǒténg　Shì, wǒ yě shì xuésheng.

李　　：你 也 学习 法律 吗?
Lǐ　　　Nǐ yě xuéxí fǎlǜ ma?

佐藤　：我 不 学习 法律，我 学习 文学。
Zuǒténg　Wǒ bù xuéxí fǎlǜ, wǒ xuéxí wénxué.

● 新出単語――6

1.	是	shì	（動）	〜は〜である
2.	学生	xuésheng	（名）	学生
3.	吗	ma	（助）	平叙文の文末について疑問の語気を表す
4.	学习	xuéxí	（動）	〜を勉強する
5.	法律	fǎlǜ	（名）	法律、法律学
6.	也	yě	（副）	〜もまた〜
7.	不	bù	（副）	否定副詞
8.	文学	wénxué	（名）	文学

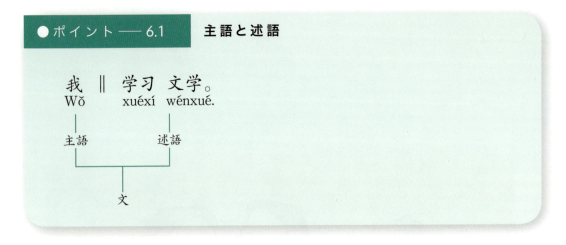

　文（句子）は一般的に「～は（が）」という陳述の対象を表す部分と「～する」「～である」という陳述の内容を表す部分の二つの部分からなっています。この前者を主語（主语）といい、後者を述語（谓语）といいます。

　このテキストでは、主語と述語との境界を記号‖によって表すことにします。

　中国語の文は、述語成分の違いにより、上記の四つの文型に分類することができます。以下、この課から第九課にかけて、まずこの四文型について勉強することにしましょう。

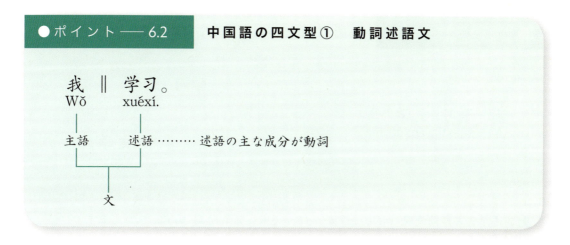

述語の主な成分が動詞である文を動詞述語文といいます。

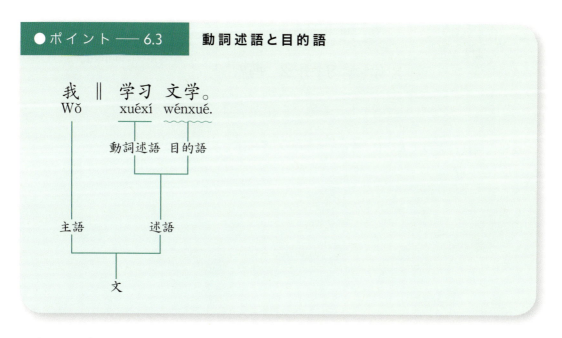

中国語の動詞述語(述语)と目的語(宾语)の語順は次のようになります。

動詞述語＋目的語

このテキストでは、下線_____によって動詞述語を、下線_____によって目的語を表します。

● ポイント —— 6.4　動詞述語文のたずね方、こたえ方

你 学习 文学 吗?
Nǐ xuéxí wénxué ma?

→

我 学习 文学。
Wǒ xuéxí wénxué.

我 不 学习 文学。
Wǒ bù xuéxí wénxué.

動詞述語文の疑問表現（〜しますか）は、文末に語気助詞 吗 ma を加えます。
動詞述語文の否定表現（〜しない）は、動詞の前に否定副詞 不 bù を加えます。

● ポイント —— 6.5　疑問代詞疑問文

何を勉強して
いますか?

你 学习 什么?
Nǐ xuéxí shénme?

✗你 学习 什么 吗?

我 学习 文学
Wǒ xuéxí wénxué.

疑問代詞疑問文の文末には 吗 ma を加えることはできません。

練習問題

1. 「専攻分野のいろいろ」を見ながら、質問に答えてみよう。

①

你 学习 什么？
Nǐ xuéxí shénme?

我 学习 ＿＿＿＿＿＿＿＿＿＿＿＿＿＿＿＿。
Wǒ xuéxí

②

你 学习 ＿＿＿＿＿＿＿＿＿＿＿＿ 吗？
Nǐ xuéxí ma?

我 学习 ＿＿＿＿＿＿＿＿＿＿＿＿＿＿＿＿。
Wǒ xuéxí

我 不 学习 ＿＿＿＿＿＿＿＿＿＿＿＿＿＿＿＿。
Wǒ bù xuéxí

●メモ－6.2　　　　専攻分野のいろいろ

1. 法学　　　fǎxué　　　　（名）　法律学
2. 文学　　　wénxué　　　（名）　文学
3. 经营学　　jīngyíngxué　（名）　経営学
4. 社会学　　shèhuìxué　　（名）　社会学
5. 经济学　　jīngjìxué　　　（名）　経済学

Ⅱ 中国語の基本構造

第七课
Dì-qī kè

北京 大学 很 大
Běijīng Dàxué hěn dà

渡边： 北京 大学 大 吗？
Dùbiān Běijīng Dàxué dà ma?

李 ： 北京 大学 很 大。
Lǐ Běijīng Dàxué hěn dà.

渡边： 学生 多 吗？
Dùbiān Xuésheng duō ma?

李 ： 非常 多。
Lǐ Fēicháng duō.

渡边： 留学生 多 吗？
Dùbiān Liúxuéshēng duō ma?

李 ： 留学生 也 很 多。
Lǐ Liúxuéshēng yě hěn duō.

● 新出単語——7

1.	北京	Běijīng	（名）	北京
2.	大学	dàxué	（名）	大学
	北京大学	Běijīng Dàxué	（名）	北京大学
3.	大	dà	（形）	大きい ↔ 小 xiǎo
4.	很	hěn	（副）	「とても」という意味の程度副詞 →ポイント7.1
5.	多	duō	（形）	多い ↔ 少 shǎo
6.	非常	fēicháng	（副）	とても〜、非常に〜
7.	留学生	liúxuéshēng	（名）	留学生

● 補充単語 ── 7

1. 远　　　yuǎn　　　（形）　　遠い ↔ 近 jìn
2. 男　　　nán　　　（形）　　男性の〜 ↔ 女 nǚ

Ⅱ 中国語の基本構造

● ポイント——7.1　中国語の四文型②　形容詞述語文

　述語の主な成分が形容詞である文を形容詞述語文といいます。
　形容詞述語文の肯定表現は、形容詞が一音節の場合、語調を整えるため形容詞の前に副詞 很 hěn を加えるのがふつうです。この 很 hěn は強調して発音しないかぎり、とくに程度の高いことを表すわけではありません。

● ポイント——7.2　形容詞述語文のたずね方、こたえ方

　形容詞述語文の疑問表現は、文末に語気助詞 吗 ma を加えます。
　形容詞述語文の否定表現は、形容詞の前に否定副詞 不 bù を加えます。

練習問題

1. 次の文を中国語に訳してみよう。

①大学は遠いですか。

（漢字）
_____

（ピンイン）

②遠くありません。

（漢字）
_____

（ピンイン）

③女子学生は多いですか。

（漢字）
_____

（ピンイン）

④女子学生も多いです。

（漢字）
_____

（ピンイン）

第八课
Dì-bā kè

我 十八 岁
Wǒ shíbā suì

李　　：你们 几 年级？
Lǐ 　　　Nǐmen jǐ niánjí?

渡边：我们 都 是 一 年级。
Dùbiān Wǒmen dōu shì yì niánjí.

李　　：你 今年 多 大 岁数？
Lǐ 　　　Nǐ jīnnián duō dà suìshu?

渡边：我 十八 岁。
Dùbiān Wǒ shíbā suì.

李　　：你 多 大 岁数？
Lǐ 　　　Nǐ duō dà suìshu?

佐藤：我 也 是 十八 岁。
Zuǒténg Wǒ yě shì shíbā suì.

● 新出単語 —— 8

1.	几	jǐ	（代）	「いくつ」という意味の疑問代詞 比較的少ない数をたずねる際に用いる
2.	年级	niánjí	（名）	～年生
3.	都	dōu	（副）	みんな～、どちらも～
4.	今年	jīnnián	（名）	今年
5.	多 　多大	duō duō dà	（副）	形容詞の前に置いてその程度をたずねる （年齢などについて）どれくらいの
6.	岁数	suìshu	（名）	年齢
7.	岁	suì	（量）	～歳（年齢を数える）

● 補充単語──8

1. 年纪　　　niánjì　　　（名）　　年齢、歳

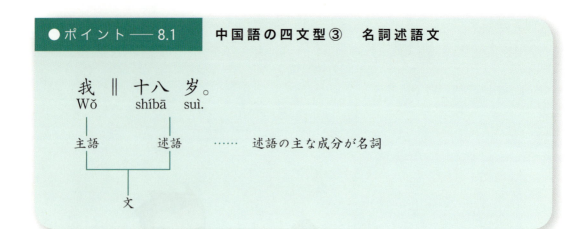

● ポイント —— 8.1　中国語の四文型③　名詞述語文

述語の主な成分が名詞である文を名詞述語文といいます。

我 是 十八 岁。　……　動詞述語文
Wǒ shì shíbā suì.

我 十八 岁。　……　名詞述語文
Wǒ shíbā suì.

「～は～である」という表現は一般的には動詞述語文によって表されますが、学年、年齢、時間、金額などの場合は、是 shì を省いて名詞述語文にするのがふつうです。
　文末に 吗 ma を加えた疑問文や否定表現、また副詞 也 yě、都 dōu などをともなう表現は、動詞 是 shì を使った動詞述語文によって表します。

他 是 十八 岁 吗?　→　他 不 是 十八 岁。
Tā shì shíbā suì ma?　　　Tā bú shì shíbā suì.

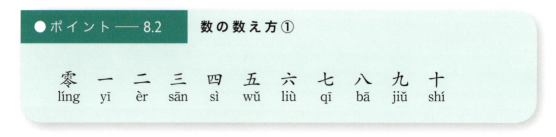

● ポイント —— 8.2　数の数え方①

中国語の一から九十九までの数え方は日本語とまったく同じです。ここにあげた十までの数字をしっかりと覚え、九十九まで数えられるようにしましょう。

● メモ——8.1　　発音の注意点　一 yī の変調

① 第一　课　　一　月　……　序数として使われている場合は、第一
　　dì-yī　kè　　yī　yuè　　　声 yī のまま

② 一　年　　一　天　……　後続の音節が第一、二、三声の場合は、
　　yì　nián　　yì　tiān　　　第四声 yì に変調する

③ 一　次　　一　个　……　後続の音節が第四声の場合は、第二声
　　yí　cì　　yí　ge　　　yí に変調する

　　　　　　　　　　　　　→　个 ge はもともと第四声 gè

● ポイント——8.3　　年齢のたずね方、こたえ方

①年配の人に対して

您　多　大　年纪?　　→　　我　今年　八十四　岁。
Nín　duō　dà　niánjì ?　　　　Wǒ　jīnnián　bāshísì　suì.

②大人に対して

你　多　大　岁数?　　→　　我　二十三　岁。
Nǐ　duō　dà　suìshu ?　　　　Wǒ　èrshísān　suì.

③子供に対して

你　几　岁?　　→　　我　六　岁。
Nǐ　jǐ　suì ?　　　　Wǒ　liù　suì.

年齢のたずね方は、たずねる相手の年齢層によって違います。

Ⅱ 中国語の基本構造

08

047

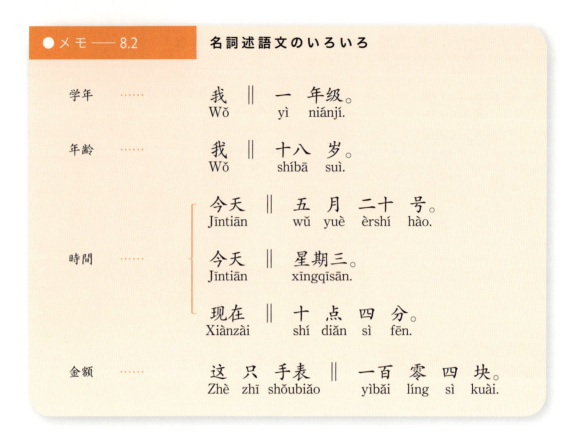

月日、曜日、時刻、金額の表現方法については後の課で勉強します。

練習問題

1. 次の文を中国語に訳してみよう。

①お年はおいくつですか。　　　　　　今年六十歳です。

（漢字）
_____　　_____

（ピンイン）

②あなたはおいくつですか。　　　　　二十歳です。

（漢字）
_____　　_____

（ピンイン）

③あなたも二十歳ですか。　　　　　　いいえ、二十歳ではありません。

（漢字）
_____　　_____

（ピンイン）

第九课
Dì-jiǔ kè

你 哪儿 不 舒服？
Nǐ nǎr bù shūfu?

渡边： 小 李， 你 早！
Dùbiān Xiǎo Lǐ, nǐ zǎo!

李 ： 你 早！
Lǐ Nǐ zǎo!

渡边： 你 身体 好 吗？
Dùbiān Nǐ shēntǐ hǎo ma?

李 ： 我 有点儿 不 舒服。
Lǐ Wǒ yǒudiǎnr bù shūfu.

渡边： 你 哪儿 不 舒服？
Dùbiān Nǐ nǎr bù shūfu?

李 ： 我 肚子 很 疼。
Lǐ Wǒ dùzi hěn téng.

● 新出単語 — 9

1.	小	Xiǎo	（頭）	若者や子供に対する親しみを込めた呼び方「～くん」「～さん」 ↔ 老 Lǎo
2.	早	zǎo	（形）	早い
	你早	nǐ zǎo		おはよう
3.	身体	shēntǐ	（名）	体（健康状態についていうことが多い）
4.	好	hǎo	（形）	よい
5.	有点儿	yǒudiǎnr	（副）	ちょっと →ポイント 4.5
6.	舒服	shūfu	（形）	気分がよい、心地よい
	不舒服	bù shūfu		不快だ、（体の）具合が悪い
7.	哪儿	nǎr	（代）	どこ →ポイント 4.4
8.	肚子	dùzi	（名）	おなか
9.	疼	téng	（形）	痛い

● ポイント——9.1　　中国語の四文型④　主述述語文

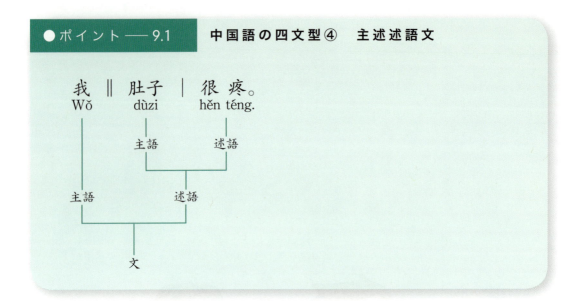

　述語の主要な成分が主語と述語からなる文を主述述語文といいます。
　このテキストでは、文全体の主語と述語の境界を記号‖によって、また述語の中の主語と述語の境界を記号｜によってそれぞれ表します。

● ポイント——9.2　　主述述語文のたずね方、こたえ方

練習問題

1. 次の文を中国語に訳してみよう。

①あなたは、おなかが痛いのですか。

（漢字）
_____

（ピンイン）

②ちょっと痛いです。

（漢字）
_____

（ピンイン）

③わたしは体の具合がちょっと悪いです。

（漢字）
_____

（ピンイン）

④あなたはどこが痛いのですか。

（漢字）
_____

（ピンイン）

2.「身体各部のいい方」を参照して、質問に答えてみよう。

你 哪儿 不 舒服？
Nǐ nǎr bù shūfu?

我 _____ 有点儿 疼。
Wǒ　　　　　　　　　　yǒudiǎnr téng.

我 _____ 很 疼。
Wǒ　　　　　　　　　　hěn téng.

● メモ —— 9.1　　**身体各部のいい方**

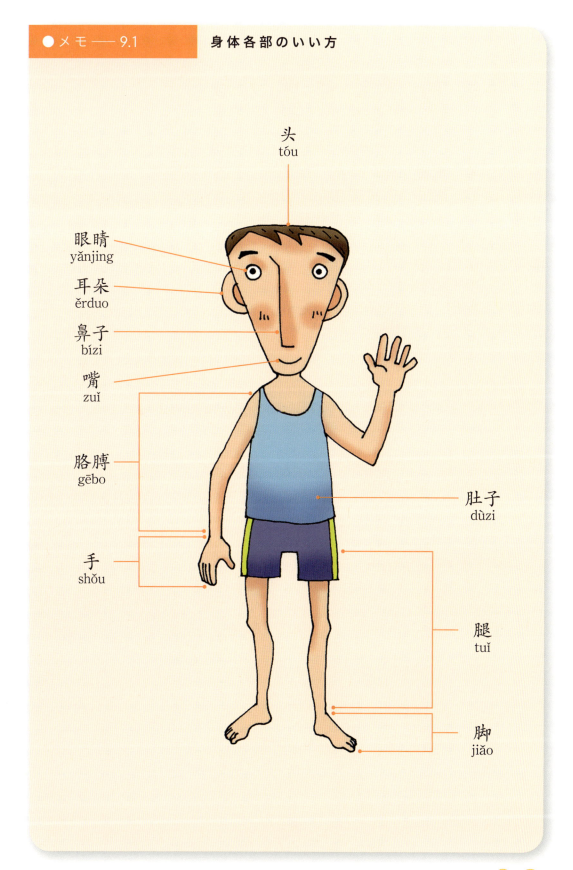

第十课
Dì-shí kè

一 年级 的 学生 都 学 外语
Yì niánjí de xuésheng dōu xué wàiyǔ

李　　：一 年级 的 学生 都 学 外语 吗？
Lǐ　　　Yì niánjí de xuésheng dōu xué wàiyǔ ma?

佐藤　：对，我们 都 学 外语。
Zuǒténg　Duì, wǒmen dōu xué wàiyǔ.

李　　：你们 学 什么 外语？
Lǐ　　　Nǐmen xué shénme wàiyǔ?

佐藤　：我们 学 汉语 和 英语。
Zuǒténg　Wǒmen xué Hànyǔ hé Yīngyǔ.

李　　：汉语 难 吗？
Lǐ　　　Hànyǔ nán ma?

佐藤　：语法 不 太 难，发音 有点儿 难。
Zuǒténg　Yǔfǎ bú tài nán, fāyīn yǒudiǎnr nán.

● 新出単語 —— 10

1.	的	de	（助）	単語、句、文の後について連体修飾語をつくる構造助詞
2.	学	xué	（動）	〜を勉強する
3.	外语	wàiyǔ	（名）	外国語
4.	对	duì	（形）	正しい、そのとおり
5.	汉语	Hànyǔ	（名）	中国語
6.	和	hé	（接）	〜と
7.	英语	Yīngyǔ	（名）	英語
8.	难	nán	（形）	難しい ↔ 容易 róngyì
9.	语法	yǔfǎ	（名）	文法
10.	不太	bú tài		それほど〜でない
11.	发音	fāyīn	（名）	発音

●メモ──10.1　　発音の注意点　不 bù の変調

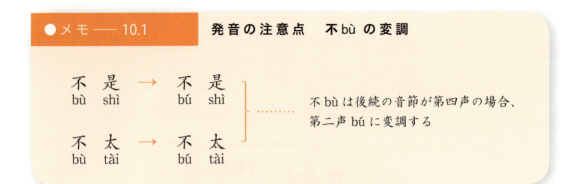

●ポイント──10.1　　連体修飾語、連用修飾語

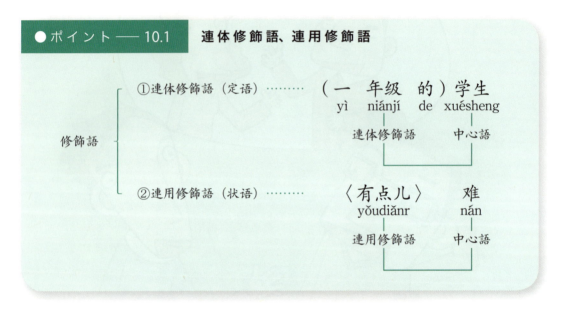

　修飾語には、体言を修飾する連体修飾語と、用言を修飾する連用修飾語があります。
　このテキストでは、連体修飾語は記号（　）によって、連用修飾語は〈　〉によって表します。

●ポイント —— 10.2 　連体修飾語と構造助詞 的 de

（一　年级　的）学生
yì　niánjí　de　xuésheng

構造助詞 的 de は、単語、句、文の後について、連体修飾語をつくります。

●ポイント —— 10.3 　連体修飾語、連用修飾語をふくむ文の構造

（一　年级　的）学生 ‖ 〈都〉学　　外语。
yì　niánjí　de　xuésheng　　dōu　xué　　wàiyǔ.

連体修飾語　　中心語　　　　動詞述語　目的語

連用修飾語　　中心語

主語　　　　　　　　　述語

文

Ⅱ 中国語の基本構造

練習問題

1. 次の文を中国語に訳してみよう。

①あなたたちはみな＿＿＿＿＿＿の学生ですか。（＿＿＿＿＿＿には学校名を入れてください）

（漢字）

（ピンイン）

②はい、わたしたちはみな＿＿＿＿＿＿＿の学生です。

（漢字）

（ピンイン）

③中国語の文法はあまり難しくありません。

（漢字）

（ピンイン）

④中国語の発音はちょっと難しいです。

（漢字）

（ピンイン）

2. 自分の学校名を答えてみよう。

你 是 ＿＿＿ 的 学生 吗?
Nǐ shì　　　 de xuésheng ma?

是。我 是 ＿＿＿ 的 学生。
Shì. Wǒ shì　　　 de xuésheng.

第十一课
Dì-shíyī kè

你 每 天 看 几 个 小 时？
Nǐ měi tiān kàn jǐ ge xiǎoshí?

李　　：你 喜欢 看 电视 吗？
Lǐ　　　Nǐ xǐhuan kàn diànshì ma?

佐藤　：我 很 喜欢 看。
Zuǒténg　Wǒ hěn xǐhuan kàn.

李　　：你 每 天 看 几 个 小时？
Lǐ　　　Nǐ měi tiān kàn jǐ ge xiǎoshí?

佐藤　：我 每 天 都 看 五六 个 小时。
Zuǒténg　Wǒ měi tiān dōu kàn wǔ-liù ge xiǎoshí.

李　　：那 你 每 天 学习 几 个 小时？!
Lǐ　　　Nà nǐ měi tiān xuéxí jǐ ge xiǎoshí?!

佐藤　：一 个 小时 或者 两 个 小时。
Zuǒténg　Yí ge xiǎoshí huòzhě liǎng ge xiǎoshí.

● 新出単語──11

1.	喜欢	xǐhuan	（動）	～を好む、～が好きだ
2.	看	kàn	（動）	～を見る
3.	电视	diànshì	（名）	テレビ（放送）
4.	每	měi	（代）	毎～
5.	天	tiān	（名）	日
	每天	měi tiān		毎日
6.	个	ge	（量）	最も広く用いられる量詞
7.	小时	xiǎoshí	（名）	時間の単位
				～个小时 ge xiǎoshí で～時間
8.	那	nà	（接）	それでは
9.	或者	huòzhě	（接）	あるいは
10.	两	liǎng	（数）	二、ふたつ

● 補充単語 —— 11

1. 睡　　　shuì　　　（動）　眠る

ポイント —— 11.1　補語

你‖看［几　个　小时］？　→　我‖看［五六　个　小时］。
Nǐ　kàn　jǐ　ge　xiǎoshí?　　　 Wǒ　kàn　wǔ-liù　ge　xiǎoshí.

動詞や形容詞などの後について、その動作や状態を補足説明する文成分を「補語」（补语）といいます。

補語は、記号［　］によって表します。

ポイント —— 11.2　数量補語

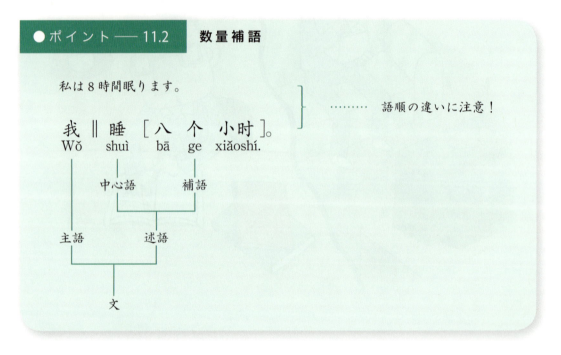

中国語では、動作行為の行われる（あるいは行われた）時間的長さや回数を述べる場合、中心語となる動詞の後にその時間的長さや回数を表す成分を補います。この補充成分を数量補語といいます。

数量補語の基本構造は次のとおりです。

動詞 ＋ ［ 数量補語 ］

日本語とは語順が逆転することに注意してください。

● メモ —— 11.1　　補語の種類

補語

①数量補語（数量补语）　我 ‖ 睡［八　个　小时］。
Wǒ　shuì　bā　ge　xiǎoshí.

②程度補語（程度补语）　你 ‖ 唱　得［很　好］。
Nǐ　chàng de　hěn　hǎo.

③結果補語（结果补语）　我 ‖ 念［错］了。
Wǒ　niàncuò　le.

④方向補語（趋向补语）　请　进［来］。
Qǐng　jìnlai.

⑤可能補語（可能补语）　我 ‖ 听［不懂］。
Wǒ　tīngbudǒng.

中国語には五種類の補語があります。補語については後の課で詳しく勉強します。

● ポイント —— 11.3　　二 èr と 两 liǎng の違い

二月　　二　月　　　　………　序数
　　　　èr　yuè

二ヵ月　两　个　月　　………　数量
　　　　liǎng　ge　yuè

　二 èr と 两 liǎng はともに一桁の 2 を指しますが、序数の場合には 二 èr が使われ、数量を数える場合には 两 liǎng が使われます。

Ⅱ 中国語の基本構造

練習問題

1. 質問に答えてみよう。

①

你 每 天 睡 几 个 小时？
Nǐ měi tiān shuì jǐ ge xiǎoshí?

我 每 天 睡 _____ 个 小时。
Wǒ měi tiān shuì   ge xiǎoshí.

②

你 每 天 学习 几 个 小时？
Nǐ měi tiān xuéxí jǐ ge xiǎoshí?

我 每 天 学习 _____ 个 小时。
Wǒ měi tiān xuéxí   ge xiǎoshí.

動詞述語文

発音の基本	I
中国語の基本構造	II
	III
中国語の態	IV
形容詞述語文	V
名詞述語文	VI
連体修飾語・連用修飾語	VII
補語	VIII
さまざまな表現	IX

第十二课
Dì-shí'èr kè

她 是 谁？
Tā shì shéi?

李　　：她 是 谁？
Lǐ　　　Tā shì shéi?

渡边：她 是 我 同学。
Dùbiān　Tā shì wǒ tóngxué.

李　　：他 呢？
Lǐ　　　Tā ne?

渡边：他 是 我们 老师。
Dùbiān　Tā shì wǒmen lǎoshī.

李　　：他 是 不 是 中国人？
Lǐ　　　Tā shì bu shì Zhōngguórén?

渡边：不 是，他 是 日本人。
Dùbiān　Bú shì, tā shì Rìběnrén.

新出単語 —— 12

1.	谁	shéi (shuí)	（代）	だれ
2.	同学	tóngxué	（名）	クラスメート
3.	呢	ne	（助）	疑問の語気を表わす　～は？
4.	老师	lǎoshī	（名）	（学校の）先生、教師
5.	中国	Zhōngguó	（名）	中国
	中国人	Zhōngguórén	（名）	中国人
6.	日本	Rìběn	（名）	日本
	日本人	Rìběnrén	（名）	日本人

● ポイント──12.1　構造助詞　的 de の省略

的 de が
省略可能な場合

①人称代詞＋親族名称　　我　（的）　妈妈
　　　　　　　　　　　　wǒ　　(de)　　māma

②人称代詞＋人間関係　　我　（的）　同学
　　　　　　　　　　　　wǒ　　(de)　　tóngxué

③人称代詞＋所属集団　　我们　（的）　大学
　　　　　　　　　　　　wǒmen　（de）　dàxué

● メモ──12.1　国名・地域名のいろいろ

1. 英国	Yīngguó	（名）	イギリス
2. 法国	Fǎguó	（名）	フランス
3. 德国	Déguó	（名）	ドイツ
4. 西班牙	Xībānyá	（名）	スペイン
5. 美国	Měiguó	（名）	アメリカ
6. 加拿大	Jiānádà	（名）	カナダ
7. 俄罗斯	Éluósī	（名）	ロシア
8. 韩国	Hánguó	（名）	韓国
9. 澳大利亚	Àodàlìyà	（名）	オーストラリア
10. 新加坡	Xīnjiāpō	（名）	シンガポール
11. 台湾	Táiwān	（名）	台湾
12. 香港	Xiānggǎng	（名）	香港

●ポイント ── 12.2　省略疑問文

她 是 谁?　→　她 是 我 同学。
Tā shì shéi?　　　Tā shì wǒ tóngxué.

他　呢?　→　他 是 我们 老师。
Tā　ne?　　　Tā shì wǒmen lǎoshī.

文末に語気助詞 呢 ne を加えることにより、省略疑問文をつくることができます。これは同じ質問内容を繰り返す煩雑さをさけるために用います。

●ポイント ── 12.3　反復疑問文

吗の疑問文 ……… 他 是 中国人 吗?
　　　　　　　　Tā shì Zhōngguórén ma?

反復疑問文 ……… 他 是 不 是 中国人?
　　　　　　　　Tā shì bu shì Zhōngguórén?
　　　　　　　　他 是 中国人 不 是?
　　　　　　　　Tā shì Zhōngguórén bú shì?

→ こたえ 是, 他 是 中国人。
　　　　 Shì, tā shì Zhōngguórén.
　　　　 不 是, 他 不 是 中国人。
　　　　 Bú shì, tā bú shì Zhōngguórén.

述語の肯定形と否定形とをならべてつくる疑問文を反復疑問文といいます。意味は基本的には 吗 ma を使った疑問文と同じです。
ただし、副詞 也 yě と 都 dōu は反復疑問文には使えません。

你 也 是 中国人 吗?
Nǐ yě shì Zhōngguórén ma?

✗你 也 是 不 是 中国人?

她们 都 是 中国人 吗?
Tāmen dōu shì Zhōngguórén ma?

✗她们 都 是 不 是 中国人?

練習問題

1. 次の文を中国語に訳してみよう。

①あなたは中国人ですか。（反復疑問文を使って）

（漢字）

（ピンイン）

②彼女も中国人ですか。

（漢字）

（ピンイン）

③あなたがたはみんな中国人ですか。

（漢字）

（ピンイン）

④わたしは中国人ではなく、日本人です。

（漢字）

（ピンイン）

2. 「国名・地域名のいろいろ」を参照しながら、次の文を漢字文に改め、日本語に訳してみよう。

A：Tā shì bu shì lǎoshī？

B：Shì, tā shì lǎoshī.

A：Tā shì Měiguórén ma？

B：Bú shì, tā shì Yīngguórén.

A：Tā ne？Tā yě shì lǎoshī ma？

B：Bú shì, tā shì liúxuéshēng.

A：Tā shì Zhōngguórén ma？

B：Bú shì, tā shì Hánguórén.

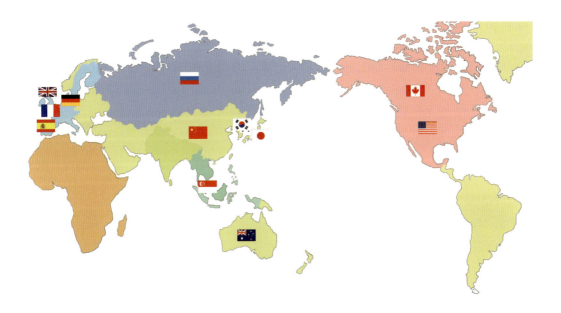

第十三课
Dì-shísān kè

这 是 什么?
Zhè shì shénme?

佐藤： 这 是 什么?
Zuǒténg Zhè shì shénme?

李 ： 这 是 中日 词典。
Lǐ Zhè shì Zhōng-Rì cídiǎn.

佐藤： 那 是 什么?
Zuǒténg Nà shì shénme?

李 ： 那 是 日中 词典。
Lǐ Nà shì Rì-Zhōng cídiǎn.

佐藤： 这 两 本 字典 都 是 你 的 吗?
Zuǒténg Zhè liǎng běn zìdiǎn dōu shì nǐ de ma?

李 ： 对，都 是 我 的。
Lǐ Duì, dōu shì wǒ de.

●新出単語── 13

1.	这	zhè	(代)	これ、それ、この、その 話し手から近いものを指す指示代詞
2.	词典	cídiǎn	(名)	辞典 词 cí すなわち単語を中心に解説したもの
3.	中日词典	Zhōng-Rì cídiǎn	(名)	中日辞典
4.	那	nà	(代)	あれ、それ、あの、その 話し手から遠いものを指す指示代詞
5.	日中词典	Rì-Zhōng cídiǎn	(名)	日中辞典
6.	本	běn	(量)	～冊（書物を数える）
7.	字典	zìdiǎn	(名)	①字典 字 zì すなわち単漢字を中心に解説したもの ②字典、辞典、事典など各種辞書の総称

● 補充単語 —— 13

1. 书　　　shū　　　（名）　　本、書籍
2. 杂志　　zázhì　　（名）　　雑誌
3. 课本　　kèběn　　（名）　　教科書

Ⅲ 動詞述語文

● ポイント —— 13.1　指示代詞①

近称	遠称		疑問代詞
これ	それ	あれ	どれ
这 zhè	那 nà		哪 nǎ

● ポイント —— 13.2　数詞＋量詞～

数詞＋量詞～　一　本　书
　　　　　　　yì　běn　shū

数詞はふつうそれだけでは連体修飾語になることができず、あとに量詞を伴います。

● ポイント ── 13.3　　指示代詞＋数詞＋量詞〜

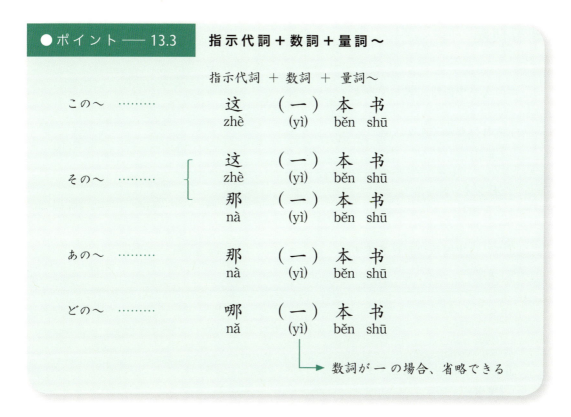

「この〜」「その〜」「あの〜」「どの〜」という場合、指示代詞はふつうそれだけでは連体修飾語になることができず、上のような構造によって表されます。

● ポイント ── 13.4　　中心語の省略

这 是 谁 的 字典？　　→　这 是 我 的（字典）。
Zhè shì shéi de zìdiǎn?　　Zhè shì wǒ de (zìdiǎn).

这 两 本 字典 都 是 你 的 吗？
Zhè liǎng běn zìdiǎn dōu shì nǐ de ma?
　　→　对，这 两 本（字典）都 是 我 的。
　　　　Duì, zhè liǎng běn (zìdiǎn) dōu shì wǒ de.

中心語は、それが前後の文脈から明らかなときは省略できます。

III 動詞述語文

練習問題

1. 次の文を中国語に訳してみよう。

①あれはなんですか。

（漢字）

_____

（ピンイン）

②あれは中国語の教科書です。

（漢字）

_____

（ピンイン）

③この雑誌はあなたのですか。

（漢字）

_____

（ピンイン）

④そうです、これはわたしのです。

（漢字）

_____

（ピンイン）

⑤この二冊の辞書は誰のですか。

（漢字）

_____

（ピンイン）

⑥この二冊はどちらもわたしのです。

（漢字）

_____

（ピンイン）

2. 次の文を漢字文に改め、日本語に訳してみよう。

Wǒ xuéxí Hànyǔ hé Yīngyǔ. Tā xuéxí Fǎyǔ（法语）hé Yīngyǔ. Zhè běn Hànyǔ

cídiǎn hé zhè liǎng běn Yīngyǔ zázhì shì wǒ de, nà sān běn Fǎyǔ kèběn hé sì běn

Yīngyǔ zázhì shì tā de.

Ⅲ 動詞述語文

第十四课
Dì-shísì kè

你 有 铅笔 吗?
Nǐ yǒu qiānbǐ ma?

佐藤： 你 有 铅笔 吗?
Zuǒténg Nǐ yǒu qiānbǐ ma?

李 ： 没 有。
Lǐ Méi yǒu.

佐藤： 你 有 圆珠笔 吗?
Zuǒténg Nǐ yǒu yuánzhūbǐ ma?

李 ： 有。
Lǐ Yǒu.

佐藤： 你 有 几 枝?
Zuǒténg Nǐ yǒu jǐ zhī?

李 ： 我 有 两 枝。
Lǐ Wǒ yǒu liǎng zhī.

佐藤： 我 可以 借 一 枝 吗?
Zuǒténg Wǒ kěyǐ jiè yì zhī ma?

李 ： 当然 可以。
Lǐ Dāngrán kěyǐ.

● 新出単語 —— 14

1.	有	yǒu	（動）	～をもっている
2.	铅笔	qiānbǐ	（名）	鉛筆（枝 zhī）
3.	没	méi	（副）	否定副詞
4.	圆珠笔	yuánzhūbǐ	（名）	ボールペン
5.	枝	zhī	（量）	～本（筆などを数える）
6.	可以	kěyǐ	（助動）	～してよい
7.	借	jiè	（動）	～を借りる
8.	当然	dāngrán	（副）	もちろん～

080

● 補 充 単 語 ── 14

1. 不行　　bùxíng　　　　　　だめです

● ポイント —— 14.1　　所有を表す　有 yǒu

〜をもっている　　　我 有 铅笔。
　　　　　　　　　　Wǒ yǒu qiānbǐ.

〜をもっていない　　我 没 有 铅笔。
　　　　　　　　　　Wǒ méi yǒu qiānbǐ.

動詞 有 yǒu の否定表現に副詞 不 bù は使えません。

× 我 不 有 铅笔。

● ポイント —— 14.2　　所有を表す文のたずね方、こたえ方

你 有 铅笔 吗?
Nǐ yǒu qiānbǐ ma?

你 有 没 有 铅笔?　　→　　有。
Nǐ yǒu méi yǒu qiānbǐ?　　　　Yǒu.

你 有 铅笔 没 有?　　　　　　没 有。
Nǐ yǒu qiānbǐ méi yǒu?　　　　Méi yǒu.

●ポイント —— 14.3　「〜していいですか？」

我　可以　借　一　枝　吗?　→　可以。
Wǒ　kěyǐ　jiè　yì　zhī　ma?　　　Kěyǐ.
　　　　　　　　　　　　　　　不行。
　　　　　　　　　　　　　　　Bùxíng.

　「〜していいですか？」と許可を求める場合には、助動詞 可以 kěyǐ が使われます。これに対し「いいです」と肯定する場合には 可以 kěyǐ が、「だめです」と否定する場合には 不行 bùxíng が使われます。

Ⅲ　動詞述語文

練習問題

1. 次の文を中国語に訳してみよう。

   ①あなたは消しゴムを持っていますか。
      (漢字)

      (ピンイン)

   ②はい、二個持っています。
      (漢字)

      (ピンイン)

   ③一個借りてもいいですか。
      (漢字)

      (ピンイン)

   ④いいですよ。
      (漢字)

      (ピンイン)

2. 「文房具のいろいろ」を見ながら、質問に答えてみよう。

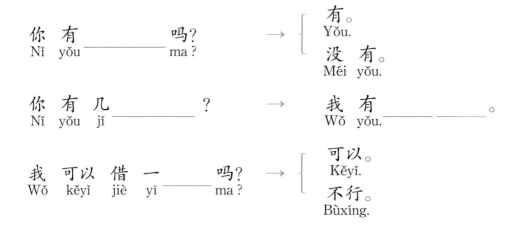

3. 次の文を漢字文に改め、日本語に訳してみよう。

Zuǒténg yǒu yì zhī zìdòng qiānbǐ、liǎng zhī yuánzhūbǐ hé yí kuài xiàngpí. Tā méi

yǒu qiānbǐ, yě méi yǒu jiǎndāo.

● メモ－14.1　　　文房具のいろいろ

1. 自动铅笔　zìdòng qiānbǐ　（名）　シャープペンシル（枝 zhī）
2. 橡皮　　　xiàngpí　　　（名）　消しゴム（块 kuài）
3. 笔记本　　bǐjìběn　　　（名）　ノート（个 ge）
4. 剪刀　　　jiǎndāo　　　（名）　はさみ（把 bǎ）

15

第十五课
Dì-shíwǔ kè

你 家 有 几 口 人?
Nǐ jiā yǒu jǐ kǒu rén?

李 :	你 家 有 几 口 人?
Lǐ	Nǐ jiā yǒu jǐ kǒu rén?
渡边:	我 家 有 四 口 人。
Dùbiān	Wǒ jiā yǒu sì kǒu rén.
李 :	你 有 兄弟 姐妹 吗?
Lǐ	Nǐ yǒu xiōngdì jiěmèi ma?
渡边:	有, 我 有 一 个 姐姐。
Dùbiān	Yǒu, wǒ yǒu yí ge jiějie.
李 :	她 做 什么 工作?
Lǐ	Tā zuò shénme gōngzuò?
渡边:	她 是 公司 职员。
Dùbiān	Tā shì gōngsī zhíyuán.

● 新出単語 —— 15

1.	家	jiā	（名）	家庭
2.	有	yǒu	（動）	いる、ある
3.	口	kǒu	（量）	一家族の人数を数える
4.	人	rén	（名）	人、人間
5.	兄弟姐妹	xiōngdì jiěmèi	（名）	兄弟姉妹
6.	姐姐	jiějie	（名）	姉
7.	做	zuò	（動）	〜をする
8.	工作	gōngzuò	（名）	仕事
9.	公司职员	gōngsī zhíyuán	（名）	会社員

● ポイント ── 15.1　家族構成のたずね方、こたえ方

①ご家族は何人ですか？

你　家　有　几　口　人?　→　我　家　有　四　口　人。
Nǐ　jiā　yǒu　jǐ　kǒu　rén?　　　Wǒ　jiā　yǒu　sì　kǒu　rén.

②兄弟はいますか？

你　有　兄弟　姐妹　吗?　→　有，我　有　一　个　弟弟。
Nǐ　yǒu　xiōngdì　jiěmèi　ma?　　Yǒu, wǒ　yǒu　yí　ge　dìdi.

　　　　　　　　　　　　　　　没　有。
　　　　　　　　　　　　　　　Méi　yǒu.

口 kǒu という量詞は家族全体の構成人数を数えるときにだけ使い、次のような場合には使えません。

×　我　有　一　口　弟弟。

088

● メモ—15.1　　親族名称

（　）内の親族名称は呼びかけには使えません。
　日本語と違い、中国では祖父母の名称が父方と母方とで違っています。

練習問題

1. 「親族名称」を参照して、次の文を中国語に訳してみよう。

①ご家族は何人ですか。

（漢字）
_____

（ピンイン）

②わが家は五人家族です。

（漢字）
_____

（ピンイン）

③あなたは兄弟がいますか。

（漢字）
_____

（ピンイン）

④はい、兄が一人います。

（漢字）
_____

（ピンイン）

⑤あなたのお兄さんはどんな仕事をしていますか。

（漢字）
_____

（ピンイン）

⑥わたしの兄は会社員です。

（漢字）
_____

（ピンイン）

2. 次の文を漢字文に改め、日本語に訳してみよう。

Wǒ jiā yǒu wǔ kǒu rén. Bàba、māma、gēge、mèimei hé wǒ. Bàba shì lǎobǎn（老

板）, māma shì lǎoshī. Gēge èrshíyī suì, shì dàxuéshēng（大学生）. Mèimei shísì suì,

shì zhōngxuéshēng（中学生）.

Ⅲ　動詞述語文

第十六课
Dì-shíliù kè

这儿 有 邮筒 吗?
Zhèr yǒu yóutǒng ma?

李　　：这儿 有 邮筒 吗?
Lǐ　　　Zhèr yǒu yóutǒng ma?

佐藤：没 有。
Zuǒténg Méi yǒu.

李　　：学校 里 有 没 有 邮筒?
Lǐ　　　Xuéxiào li yǒu méi yǒu yóutǒng?

佐藤：没 有。
Zuǒténg Méi yǒu.

李　　：那 学校 外边儿 呢?
Lǐ　　　Nà xuéxiào wàibianr ne?

佐藤：有。
Zuǒténg Yǒu.

李　　：在 哪儿?
Lǐ　　　Zài nǎr?

佐藤：在 学校 西边儿。
Zuǒténg Zài xuéxiào xībianr.

● 新出単語――16

1.	这儿	zhèr	（指）	ここ、そこ
2.	邮筒	yóutǒng	（名）	郵便ポスト
3.	学校	xuéxiào	（名）	学校
4.	里	li	（名）	〜の中
5.	外边儿	wàibianr	（名）	（〜の）外
6.	在	zài	（動）	〜にある
7.	西边儿	xībianr	（名）	（〜の）西側

● ポイント —— 16.1　指示代詞②

近称	遠称		疑問代詞
ここ	そこ	あそこ	どこ
这儿 zhèr	那儿 nàr		哪儿 nǎr
这里 zhèli	那里 nàli		哪里 nǎli

　哪里 nǎli の 里 li は軽声に発音されますが、もともとは第三声 lǐ なので、第三声＋第三声の変調規則により前の 哪 nǎ は第二声に変わります。

● ポイント —— 16.2　存在を表す　有 yǒu

～には……がある / いる　　学校　里　有　邮筒。
　　　　　　　　　　　　Xuéxiào li   yǒu yóutǒng.

～には……がない / いない　学校　里　没　有　邮筒。
　　　　　　　　　　　　Xuéxiào li méi yǒu yóutǒng.

　「～には……～がある / いる」という存在は、動詞 有 yǒu を使った次の構文によって表します。

　　　　場所 ‖ 有　人や事物
　　　　　　　yǒu

094

● ポイント —— 16.3　所在を表す　在 zài

～は……にある / いる

邮筒　在　学校　西边儿。
Yóutǒng zài xuéxiào xībianr.

～は……にない / いない

邮筒　不　在　学校　北边儿。
Yóutǒng bú zài xuéxiào běibianr.

「～は……にある / いる」という所在は、動詞 在 zài を使った次の構文によって表すことができます。

人や事物 ‖ 在　場所
　　　　　zài

● ポイント —— 16.4　方位名詞　里边儿 lǐbianr と 里 li

中に郵便ポストがある

里边儿　有　邮筒。
Lǐbianr yǒu yóutǒng.

× 里　有　邮筒。

里 li などの単音節語の方位名詞は単独では文成分にはなれず、かならず他の名詞の後に付けられて使われます。

学校　里　有　邮筒。
Xuéxiào li yǒu yóutǒng.

Ⅲ 動詞述語文

16

095

●メモ —— 16.1　方位名詞のいろいろ

外边儿　wàibianr　（外側）

里边儿　lǐbianr　（内側）

北边儿
běibianr
（北側）

西边儿
xībianr
（西側）

东边儿
dōngbianr
（東側）

南边儿
nánbianr
（南側）

前边儿
qiánbianr
（前側）

左边儿
zuǒbianr
（左側）

右边儿
yòubianr
（右側）

后边儿
hòubianr
（後ろ側）

練習問題

1. 次の文を中国語に訳してみよう。

①学校の北側には何がありますか。

（漢字）
_____

（ピンイン）

②学校の北側には公園があります。

（漢字）
_____

（ピンイン）

③病院はどこにありますか。

（漢字）
_____

（ピンイン）

④病院は学校の東側にあります。

（漢字）
_____

（ピンイン）

●メモ──16.2　　**公共施設のいろいろ**

1.	图书馆	túshūguǎn	（名）	図書館
2.	车站	chēzhàn	（名）	駅、バス停
3.	公园	gōngyuán	（名）	公園
4.	医院	yīyuàn	（名）	病院
5.	邮局	yóujú	（名）	郵便局

Ⅲ 動詞述語文

2. 次の図を見ながら、質問に答えてみよう。

例．

学校 南边儿 有 什么？ → 学校 南边儿 有 邮局。
Xuéxiào nánbianr yǒu shénme?　　Xuéxiào nánbianr yǒu yóujú.

邮局 在 哪儿？ → 邮局 在 学校 南边儿。
Yóujú zài nǎr?　　Yóujú zài xuéxiào nánbianr.

车站 chēzhàn
书店 shūdiàn
图书馆 túshūguǎn
公园 gōngyuán
邮筒 yóutǒng
邮局 yóujú
学校 xuéxiào
医院 yīyuàn

3. 次の文を漢字文に改め、日本語に訳してみよう。

Xuéxiào fùjìn（附近）yǒu yīyuàn、yóujú、shūdiàn（书店）hé gōngyuán. Yīyuàn

_____

zài xuéxiào dōngbianr; yóujú zài xuéxiào nánbianr; shūdiàn zài xuéxiào xībianr;

_____

gōngyuán zài xuéxiào běibianr.

_____

III 動詞述語文

第十七课
Dì-shíqī kè

请 再 念 一 次
Qǐng zài niàn yí cì

渡边： 小 李， 这个 字 怎么 念？
Dùbiān Xiǎo Lǐ, zhège zì zěnme niàn?

李 ： 这个 字 念 yú（鱼）。
Lǐ Zhège zì niàn yú.

渡边： 请 再 念 一 次。
Dùbiān Qǐng zài niàn yí cì.

李 ： Yú（鱼）。你 念 一 念 吧。
Lǐ Yú. Nǐ niàn yi niàn ba.

渡边： Yǔ（雨）。
Dùbiān Yǔ.

李 ： 不 对，这 是 第二 声，念 yú（鱼）。
Lǐ Bú duì, zhè shì dì-èr shēng, niàn yú.

渡边： Yú（鱼）。
Dùbiān Yú.

李 ： 对。
Lǐ Duì.

● 新出単語 —— 17

1.	字	zì	（名）	字
2.	怎么	zěnme	（代）	方式をたずねる疑問代詞　どのように
3.	念	niàn	（動）	音読する
4.	鱼	yú	（名）	さかな
5.	请	qǐng		どうぞ～してください
6.	再	zài	（副）	もう～、さらに～
7.	次	cì	（量）	～回（動作の回数を数える）
8.	吧	ba	（助）	軽い命令や誘いかけの語気を表す
9.	雨	yǔ	（名）	雨
10.	第	dì-	（頭）	第
11.	声	shēng	（名）	声調

● 補充単語 —— 17

1. 说　　shuō　　（動）　（〜について）いう、話す
2. 听　　tīng　　（動）　〜を聞く
3. 写　　xiě　　（動）　〜を書く
4. 遍　　biàn　　（量）　〜回（動作の始めから終わりまでの全過程の回数を数える）

Ⅲ 動詞述語文

●ポイント── 17.1　名量詞と動量詞

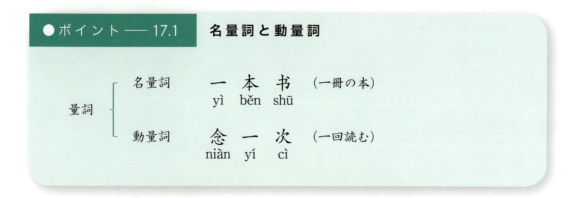

　量詞には、人や事物の数量を数える名量詞と、動作や行為の回数を数える動量詞があります。

●ポイント── 17.2　「もう…だけ～する」

　　　再 ＋ 動詞 ＋ [数量補語]　　请 再 念 一 次。
　　　　　　　　　　　　　　　　　Qǐng zài niàn yí cì.

　副詞 再 zài は、動詞の前について、「また～する」、「さらに（数量補語で表される時間、回数）だけ～する」という意味を表します。

● ポイント —— 17.3　動詞の重ね型「ちょっと〜する」

ちょっと〜する

動詞の重ね型　　你　念念。
　　　　　　　　　Nǐ niànnian.

動詞＋一＋動詞　你　念　一　念。
　　　　　　yi　　Nǐ niàn yi niàn.

動詞の重ね型は、「ちょっと〜する」「(試しに) 〜してみる」という意味を表します。
単音節の場合、動詞と動詞の間に 一 yī を入れることもあります。

● ポイント —— 17.4　語気助詞 吧 ba のつかい方①

軽い命令　　你　念　一　念　吧。
　　　　　　Nǐ niàn yi niàn ba.

誘いかけ　　我们　念　一　念　吧。
　　　　　　Wǒmen niàn yi niàn ba.

語気助詞 吧 ba は、文末について「〜してごらん」という軽い命令や、「(いっしょに)
〜しよう」という誘いかけの語気を表します。

III 動詞述語文

17

練習問題

1. 次の文を中国語に訳してみよう。

①この字はどう書くのですか。

（漢字）

_____

（ピンイン）

②一回読んでください。

（漢字）

_____

（ピンイン）

③もう一回言ってください。

（漢字）

_____

（ピンイン）

④ちょっと書いてみてください。

（漢字）

_____

（ピンイン）

2. 次のパターンを使い、先生のいう日本語を中国語に訳してみよう。

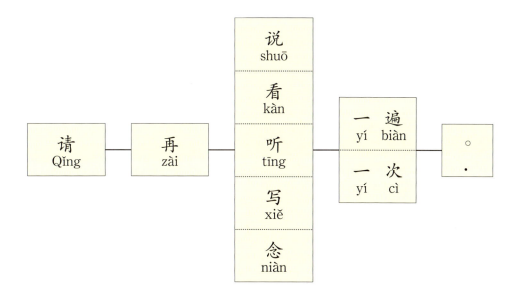

3. 次の文を漢字文に改め、日本語に訳してみよう。

① Qǐng dǎkāi（打开）dì-jiǔshíjiǔ yè（页）.

_____

② Wǒ xiān（先）niàn yí biàn, nǐmen tīngting ba.

_____

③ Zhège shēngcí（生词）nǐ niànnian.

_____

④ Bú duì, nǐ zài niàn yí cì ba.

_____

第十八课
Dì-shíbā kè

去 中国 干 什么？
Qù Zhōngguó gàn shénme?

渡边： 我 暑假 去 中国。
Dùbiān Wǒ shǔjià qù Zhōngguó.

李 ： 去 中国 干 什么？
Lǐ Qù Zhōngguó gàn shénme?

渡边： 学 汉语。
Dùbiān Xué Hànyǔ.

李 ： 什么 时候 走？
Lǐ Shénme shíhou zǒu?

渡边： 七 月 走。
Dùbiān Qī yuè zǒu.

李 ： 坐 什么 去？
Lǐ Zuò shénme qù?

渡边： 坐 飞机 去。
Dùbiān Zuò fēijī qù.

新出単語 —— 18

1.	暑假	shǔjià	（名）	夏休み
2.	去	qù	（動）	行く ↔ 来 lái
3.	干	gàn	（動）	（積極的に）する
4.	时候	shíhou	（名）	時、時分
	什么时候	shénme shíhou		いつ、いつごろ
5.	走	zǒu	（動）	出かける
6.	月	yuè	（名）	〜月
7.	坐	zuò	（動）	（飛行機や自動車など乗り物に）乗る
8.	飞机	fēijī	（名）	飛行機

● 補充単語 —— 18

1. 骑　　　　qí　　　　　　（動）　（またがって）乗る
2. 上学　　　shàng xué　　　　　 学校にかよう

● ポイント ── 18.1　連動文

①後の動詞句が前の動詞句の　……　　他　去　中国　学　汉语。
　目的を表す　　　　　　　　　　　　Tā　qù Zhōngguó xué Hànyǔ.

　　　　　　　　　　　　　　　　　　　　　　前の動詞句　後の動詞句

②前の動詞句が後の動詞句の　……　　他　坐　飞机　去　中国。
　手段方法を表す　　　　　　　　　　Tā　zuò　fēijī　qù Zhōngguó.

　　　　　　　　　　　　　　　　　　　　　　前の動詞句　後の動詞句

　二つ（以上）の動詞句が一つの主語を共有する構文を連動文といいます。
　連動文では、前の動詞句と後の動詞句は動作の行われる順に並んでおり、動詞句間には
上のように二通りの関係があります。

108

練習問題

1. 次の文を中国語に訳してみよう。

①あなたは図書館へ何をしに行くのですか。

（漢字）

_____

（ピンイン）

②わたしは図書館へ本を借りに行きます。

（漢字）

_____

（ピンイン）

③あなたは電車に乗って行くのですか。

（漢字）

_____

（ピンイン）

④私はバスに乗って行きます。

（漢字）

_____

（ピンイン）

Ⅲ 動詞述語文

2. 「乗り物のいろいろ」を参照しながら、質問に答えてみよう。

你 坐 什么 上 学?
Nǐ zuò shénme shàng xué?

我 _____ 上 学。
Wǒ   shàng xué.

● メモ —— 18.1　　乗り物のいろいろ

	汽车	qìchē	（名）	自動車
	出租汽车	chūzū qìchē	（名）	タクシー
	公交车	gōngjiāochē	（名）	乗り合いバス
坐 zuò	公共汽车	gōnggòng qìchē		
	电车	diànchē	（名）	トロリーバス、電車
	火车	huǒchē	（名）	列車、機関車、汽車
	地铁	dìtiě	（名）	地下鉄
	船	chuán	（名）	船
骑 qí	摩托车	mótuōchē	（名）	オートバイ、バイク
	自行车	zìxíngchē	（名）	自転車

3. 次の文を漢字文に改め、日本語に訳してみよう。

Wǒ de jiā hěn yuǎn, shàng xué de shíhou, wǒ zuò dìtiě, diànchē hé gōngjiāochē,

yào（要）liǎng ge xiǎoshí. Zuǒténg de jiā hěn jìn, tā qí zìxíngchē shàng xué.

III 動詞述語文

中国語の態

IV

発音の基本	I
中国語の基本構造	II
動詞述語文	III
	IV
形容詞述語文	V
名詞述語文	VI
連体修飾語・連用修飾語	VII
補語	VIII
さまざまな表現	IX

第十九课
Dì-shíjiǔ kè

这 本 书 你 看了 吗？
Zhè běn shū nǐ kànle ma?

渡边： 小 李, 这 本 书 你 看了 吗？
Dùbiān　Xiǎo Lǐ, zhè běn shū nǐ kànle ma?

李 ： 我 已经 看 了。
Lǐ　　Wǒ yǐjīng kàn le.

渡边： 报告 你 写了 没有？
Dùbiān　Bàogào nǐ xiěle méiyǒu?

李 ： 报告 也 写 了。
Lǐ　　Bàogào yě xiě le.

渡边： 我 还 没 写。
Dùbiān　Wǒ hái méi xiě.

李 ： 你 还 没 写！ 下了 课, 你 赶紧 写 吧。
Lǐ　　Nǐ hái méi xiě! Xiàle kè, nǐ gǎnjǐn xiě ba.

● 新出単語 —— 19

1.	看	kàn	（動）	〜を読む
2.	了	le	（助）	動詞のあとに加えて完了態を表す動態助詞
3.	已经	yǐjīng	（副）	もう〜、すでに〜
4.	报告	bàogào	（名）	レポート、報告
5.	没（有）	méi (yǒu)	（副）	否定副詞
6.	还	hái	（副）	まだ〜
7.	下课	xià kè		授業が終わる
8.	赶紧	gǎnjǐn	（副）	急いで〜

114

完了態は、動作の完了、完成を表します。
　「～した」という肯定表現は、動詞の後に動態助詞 了 le を加えることによって表します。「～していない」あるいは「～しなかった」という否定表現は、動詞の前に副詞 没（有）méi(yǒu) を加えることによって表し、その場合、了 le は使いません。

　完了態の文は、他の動詞述語文と同様、吗 ma を使った疑問文と反復疑問文の二つのたずね方が可能です。

●ポイント── 19.3　「すでに〜した」「まだ〜していない」

すでに〜した	**已经 〜 了** yǐjīng 〜 le	我 已经 看 了。 Wǒ yǐjīng kàn le.
まだ〜していない	**还 没 (有) 〜** hái méi(yǒu) 〜	我 还 没(有) 看。 Wǒ hái méi(yǒu) kàn.

「すでに〜した」という已然表現、「まだ〜していない」という未然表現は、それぞれ上記の構文によって表します。

●ポイント── 19.4　目的語をともなう文の完了態

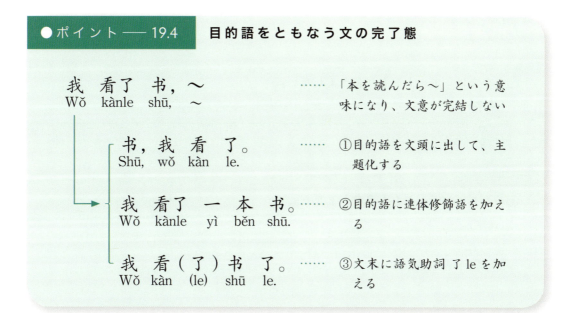

動詞が目的語をともなっている場合、動詞の後に動態助詞了 le をつけるだけでは、文意が完結しません。このため、①目的語を文頭に出して主題化する、②目的語に連体修飾語を加える、③文末に語気助詞了 le を加えるなどの方法により、文意を完結させる必要があります。

③の場合、動態助詞了 le を省略することがあります。

練習問題

1. 次の文を中国語に訳してみよう。

①あなたはもう聞きましたか。

（漢字）

_____

（ピンイン）

②わたしはまだ聞いていません。

（漢字）

_____

（ピンイン）

③あなたはレポートをもう書きましたか。

（漢字）

_____

（ピンイン）

④わたしはレポートをもう書きました。

（漢字）

_____

（ピンイン）

2. 次の文を漢字文に改め、日本語に訳してみよう。

Xiǎo Lǐ zuótiān (昨天) yǐjīng xiěle bàogào le. Dànshì (但是) wǒ hái méi xiě. Jīntiān

_____

xiàle kè, wǒ děi (得) gǎnjǐn xiě.

_____

IV 中国語の態

第二十课
Dì-èrshí kè

快要考试了
Kuài yào kǎoshì le

佐藤：我 明天 不 去 旅行 了。
Zuǒténg　Wǒ míngtiān bú qù lǚxíng le.

李 ：你 怎么 不 去 了?
Lǐ　　Nǐ zěnme bú qù le?

佐藤：我 有 急事，不 能 去 了。
Zuǒténg　Wǒ yǒu jíshì, bù néng qù le.

李 ：那 什么 时候 可以 去 呢?
Lǐ　　Nà shénme shíhou kěyǐ qù ne?

佐藤：快 要 考试 了，我们 放了 暑假 再 去 吧。
Zuǒténg　Kuài yào kǎoshì le, wǒmen fàngle shǔjià zài qù ba.

● 新出単語——20

1.	明天	míngtiān	（名）	あした
2.	旅行	lǚxíng	（動）	旅行する
3.	了	le	（助）	文末に加えて変化態を表す語気助詞
4.	怎么	zěnme	（代）	原因、理由をたずねる疑問代詞　なぜ
5.	急事	jíshì	（名）	急用
6.	能	néng	（助動）	〜できる
7.	可以	kěyǐ	（助動）	〜できる
8.	呢	ne	（助）	疑問代詞疑問文、反復疑問文などの末尾に加えて語気を和らげる
9.	快	kuài	（副）	まもなく、すぐに
10.	要	yào	（助動）	動作や現象がもうすぐ起こることを示す（ふつう文末に了 le を加える）
11.	考试	kǎoshì	（動）	テストをする
12.	放暑假	fàng shǔjià		夏休みになる
13.	再	zài	（副）	（〜して）それから

● 補充単語 ── 20

1. 就　　　jiù　　　　（副）　　まもなく、すぐに

IV 中国語の態

● ポイント —— 20.1　　変化態

我　明天　不　去　旅行。　　……明日旅行には行きません。
Wǒ míngtiān bú qù lǚxíng.

我　明天　不　去　旅行　了。　……明日旅行には行かないことにし
Wǒ míngtiān bú qù lǚxíng le.　　ました。

　変化態は、新しい状況の出現や状況の変化を表す態で、文末に語気助詞 了 le を加えることによって表します。

● ポイント── 20.2　「もうすぐ〜だ」

要 〜 了 yào 〜 le	要　考试　了。 Yào　kǎoshì　le.
快 要 〜 了 kuài yào〜 le	快　要　考试　了。 Kuài　yào　kǎoshì　le.
就 要 〜 了 jiù yào 〜 le	就　要　考试　了。 jiù　yào　kǎoshì　le.

　変化態を表す 了 le は、助動詞 要 yào とともに用いて、「もうすぐ〜だ」という新たな状況が起こることを表します。

　また、要 yào の前に副詞 快 kuài や 就 jiù を加えると、より切迫した表現になります。

Ⅳ　中国語の態

練習問題

1. 次の文を中国語に訳してみよう。

①あなたはどうして旅行に行かないことにしたのですか。

（漢字）
_____

（ピンイン）

②わたしは体の具合が悪いので、行かないことにしました。

（漢字）
_____

（ピンイン）

③あなたはいくつになりましたか。わたしは十九歳になりました。

（漢字）
_____

（ピンイン）

④もうすぐ夏休みになります。

（漢字）
_____

（ピンイン）

2. 意味の違いがわかるように次の文を日本語に訳してみよう。

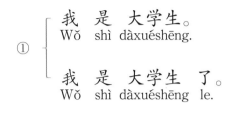

① 我 是 大学生。
　 Wǒ shì dàxuéshēng.

　 我 是 大学生 了。
　 Wǒ shì dàxuéshēng le.

② 我 不 看 电视。
　 Wǒ bú kàn diànshì.

　 我 不 看 电视 了。
　 Wǒ bú kàn diànshì le.

3. 次の文を漢字文に改め、日本語に訳してみよう。

Xiǎo Lǐ de bìng（病）hǎo le, jīntiān（今天）bù fā shāo（发烧）le. Tā shuō:"Kuài

yào kǎoshì le. Wǒ kěyǐ jiè nǐ de bǐjìběn ma？Wǒ děi（得）fùxí fùxí."

第二十一课
Dì-èrshíyī kè

你 去过 海边儿 吗?
Nǐ qùguo hǎibiānr ma?

渡边： 小 李, 你 去过 海边儿 吗?
Dùbiān Xiǎo Lǐ, nǐ qùguo hǎibiānr ma?

李 ： 我 还 没 去过。
Lǐ Wǒ hái méi qùguo.

渡边： 明天 我们 一起 去 海边儿 玩儿, 怎么样?
Dùbiān Míngtiān wǒmen yìqǐ qù hǎibiānr wánr, zěnmeyàng?

李 ： 太 好 了!
Lǐ Tài hǎo le!

渡边： 你 会 游 泳 吗?
Dùbiān Nǐ huì yóu yǒng ma?

李 ： 我 会。我 能 游 一 公里。
Lǐ Wǒ huì. Wǒ néng yóu yì gōnglǐ.

●新出単語── 21

1.	过	guo	（助）	動詞のあとに加えて経験態を表す動態助詞
2.	海边儿	hǎibiānr	（名）	海辺
3.	一起	yìqǐ	（副）	いっしょに〜
4.	玩儿	wánr	（動）	遊ぶ
5.	怎么样	zěnmeyàng	（代）	〜はどうですか?
6.	太好了	tài hǎo le		それはいいですね
7.	会	huì	（助動）	〜できる
8.	游	yóu	（動）	泳ぐ
9.	游泳	yóu yǒng		水泳をする
10.	公里	gōnglǐ	（名）	キロメートル

● ポイント —— 21.1　経験態

～したことがある	**動詞 ＋ 过** guo	我　去过。 Wǒ　qùguo.
～したことがない	**没（有）＋ 動詞 ＋ 过** méi(yǒu)　　　　　guo	我　没（有）去过。 Wǒ　méi(yǒu)　qùguo.

経験態は「～したことがある」「～したことがない」という経験の有無を表します。

● ポイント —— 21.2　経験態のたずね方、こたえ方

你　去过　海边儿　吗?
Nǐ　qùguo　hǎibiānr　ma?

你　去过　海边儿　没有?
Nǐ　qùguo　hǎibiānr　méiyǒu?

→

我　去过。
Wǒ　qùguo.

我　没（有）去过。
Wǒ　méi(yǒu)　qùguo.

経験態の文は、他の動詞述語文と同様、吗 ma を使った疑問文と反復疑問文の二つのたずね方が可能です。

● ポイント —— 21.3 「できる」「〜できない」

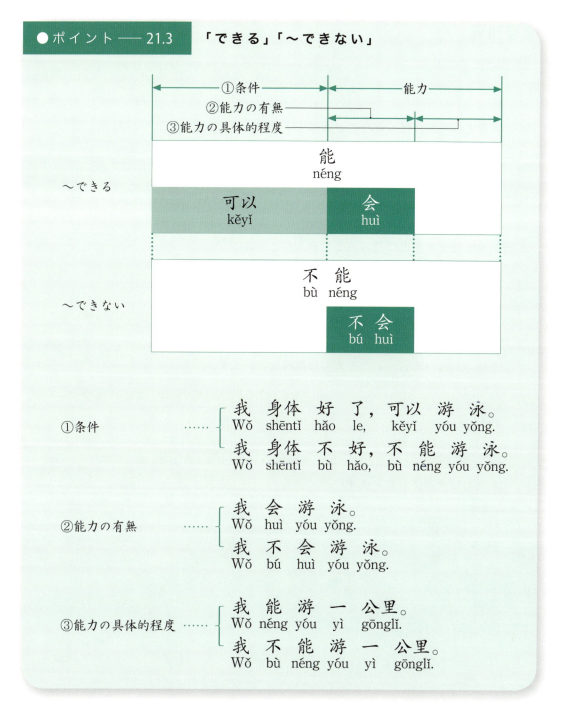

①条件 ……｛ 我 身体 好 了, 可以 游 泳。
　　　　　　Wǒ shēntǐ hǎo le, kěyǐ yóu yǒng.
　　　　　　我 身体 不 好, 不 能 游 泳。
　　　　　　Wǒ shēntǐ bù hǎo, bù néng yóu yǒng.

②能力の有無 ……｛ 我 会 游 泳。
　　　　　　　　 Wǒ huì yóu yǒng.
　　　　　　　　 我 不 会 游 泳。
　　　　　　　　 Wǒ bú huì yóu yǒng.

③能力の具体的程度 ……｛ 我 能 游 一 公里。
　　　　　　　　　　　 Wǒ néng yóu yì gōnglǐ.
　　　　　　　　　　　 我 不 能 游 一 公里。
　　　　　　　　　　　 Wǒ bù néng yóu yì gōnglǐ.

　「〜できる」という可能を表す助動詞には 能 néng、可以 kěyǐ、会 huì の三つがあります。能 néng はほとんどすべての場合に使えますが、条件を問題にする場合には 可以 kěyǐ を、能力の有無を問題にする場合には 会 huì を使うのがふつうです。
　「〜できない」という可能の否定表現には 不能 bù néng を使いますが、能力の有無だけを問題にする場合には、ふつう 不会 bú huì を使います。
　なお、不可以 bù kěyǐ は「〜してはいけない」という意味になり、可能の否定表現には使えません。

練習問題

1. 次の文を中国語に訳してみよう。

①あなたは中国に行ったことがありますか。

（漢字）
_____

（ピンイン）

②わたしはまだ中国に行ったことがありません。

（漢字）
_____

（ピンイン）

③夏休みになったら、わたしたちは旅行に行けます。

（漢字）
_____

（ピンイン）

④わたしは中国語が話せます。

（漢字）
_____

（ピンイン）

2. 次の文を漢字文に改め、日本語に訳してみよう。

Xiǎo Lǐ méi qùguo hǎibiānr, Dùbiān hé Zuǒténg yuē（约）tā qù hǎibiānr wánr,

Xiǎo Lǐ hěn gāoxìng（高兴）. Xiǎo Lǐ huì yóu yǒng, tā néng yóu yì gōnglǐ.

IV 中国語の態

第二十二课
Dì-èrshí'èr kè

你 在 做 什么 呢？
Nǐ zài zuò shénme ne?

佐藤： 小李，你 在 做 什么 呢？
Zuǒténg Xiǎo Lǐ, nǐ zài zuò shénme ne?

李 ： 我 正在 复习 功课 呢。
Lǐ   Wǒ zhèngzài fùxí gōngkè ne.

佐藤： 这儿 真 热，开 空调 了 没有？
Zuǒténg Zhèr zhēn rè, kāi kōngtiáo le méiyǒu?

李 ： 没有。窗户 开着 呢。
Lǐ   Méiyǒu. Chuānghu kāizhe ne.

佐藤： 真 受不了。快 开开 空调 吧。
Zuǒténg Zhēn shòubuliǎo. Kuài kāikai kōngtiáo ba.

● 新出単語 ── 22

1.	在	zài	（副）	動詞の前に置いて進行態を表す
2.	正在	zhèngzài	（副）	動詞の前に置いて進行態を表す
3.	复习	fùxí	（動）	復習する ↔ 预习 yùxí
4.	功课	gōngkè	（名）	学校の勉強
5.	呢	ne	（助）	動作の進行、持続を表す
6.	真	zhēn	（副）	まったく、本当に
7.	热	rè	（形）	暑い
8.	开	kāi	（動）	①（スイッチを）いれる ↔ 关 guān ②～をあける
9.	空调	kōngtiáo	（名）	エアコン
10.	窗户	chuānghu	（名）	窓
11.	着	zhe	（助）	動詞のあとに加えて持続態を表す動態助詞
12.	受不了	shòubuliǎo		堪えられない、たまらない
13.	快	kuài	（副）	早く

IV 中国語の態

● ポイント ── 22.1　　進行態

（ちょうど）～しているところだ

（正）在 ～ 呢
(zhèng) zài ～ ne

我（正）在　复习　功课　呢。
Wǒ (zhèng)zài　fùxí　gōngkè　ne.

我（正）在　复习　功课。
Wǒ (zhèng)zài　fùxí　gōngkè.

我　复习　功课　呢。
Wǒ　fùxí　gōngkè　ne.

進行態は、「ちょうど～しているところだ」という動作の進行を表します。
進行態は上記のように、副詞（正）在 (zhèng)zài と語気助詞 呢 ne によって表します。
正在と 在では、正在のほうが「ちょうど～」という意味がより強く表現されます。
（正）在と 呢は、いずれか一方を省略することができます。

● ポイント ── 22.2　　持続態

～している　　**動詞 ＋ 着**
　　　　　　　　　　　 zhe

窗户　开着
Chuānghu kāizhe.

～していない　**没（有）＋ 動詞 ＋ 着**
　　　　　　　 méi(yǒu)　　　　　 zhe

窗户　没（有）开着。
Chuānghu méi(yǒu)　kāizhe.

持続態は、動作あるいは状態の持続を表します。
持続態の肯定表現と否定表現はそれぞれ、上記のように表します。

● メモ ── 22.1　　進行態と持続態の違い

進行態 ……　她（正）在　穿　衣服　呢。
　　　　　　　Tā (zhèng)zài chuān　yīfu　　ne.

持続態 ……　她　穿着　一　件　很　漂亮　的　衣服。
　　　　　　　Tā chuānzhe yí　jiàn　hěn piàoliang de　　yīfu.

134

練習問題

1. 次の文を中国語に訳してみよう。

①あなたは何をしているところですか。

（漢字）
_____

（ピンイン）

②本を読んでいるところです。

（漢字）
_____

（ピンイン）

③窓はあいていますか。

（漢字）
_____

（ピンイン）

④あいています。

（漢字）
_____

（ピンイン）

2. 次の文を漢字文に改め、日本語に訳してみよう。

Měi tiān zuò diànchē shàng xué, wǒ dōu zhàn（站）zhe. Shàng xué de shíhou,

_____

wǒ xǐhuan kàn zázhì. Jīntiān（今天）zǎoshang（早上）wǒ hé Zuǒténg yìqǐ shàng

_____

xué. Wǒ zhèngzài kàn zázhì de shíhou, tā wèn（问）wǒ："Zhè shì xīn（新）de ba

_____

（吧）. Míngtiān wǒ kěyǐ kànkan ma？" Wǒ shuō："Dāngrán kěyǐ."

_____

形容詞述語文

V

発音の基本	I
中国語の基本構造	II
動詞述語文	III
中国語の態	IV
	V
名詞述語文	VI
連体修飾語・連用修飾語	VII
補語	VIII
さまざまな表現	IX

第二十三课
Dì-èrshísān kè

水饺 好吃 吗?
Shuǐjiǎo hǎochī ma?

李　　: 你 饿 不 饿?
Lǐ　　　Nǐ è bu è?

佐藤 : 我 有点儿 饿。
Zuǒténg Wǒ yǒudiǎnr è.

李　　: 我们 一起 吃 饺子, 怎么样?
Lǐ　　　Wǒmen yìqǐ chī jiǎozi, zěnmeyàng?

佐藤 : 饺子 太 油腻, 我 要 清淡 的。
Zuǒténg Jiǎozi tài yóunì, wǒ yào qīngdàn de.

李　　: 不 要紧。我 说 的 是 水饺。
Lǐ　　　Bú yàojǐn. Wǒ shuō de shì shuǐjiǎo.

佐藤 : 水饺? 水饺 好吃 吗?
Zuǒténg Shuǐjiǎo? Shuǐjiǎo hǎochī ma?

李　　: 好吃, 也 比较 清淡。
Lǐ　　　Hǎochī, yě bǐjiào qīngdàn.

● 新出单語 ―― 23

1.	饿	è	（形）	おなかがすいている、空腹だ
2.	吃	chī	（動）	食べる
3.	饺子	jiǎozi	（名）	ギョーザ
4.	太	tài	（副）	～すぎる
5.	油腻	yóunì	（形）	油っこい
6.	要	yào	（動）	～が欲しい
7.	清淡	qīngdàn	（形）	あっさりしている
8.	不要紧	bú yàojǐn		だいじょうぶ
9.	水饺	shuǐjiǎo	（名）	水ギョーザ
10.	好吃	hǎochī	（形）	（食べて）おいしい
11.	比较	bǐjiào	（副）	比較的～

●補充単語 ── 23

1.	渴	kě	（形）	のどがかわいている
2.	喝	hē	（動）	飲む
3.	好喝	hǎohē	（形）	（飲んで）おいしい
4.	难吃	nán chī		（食べて）まずい
5.	菜	cài	（名）	おかず、料理

Ⅴ 形容詞述語文

●ポイント —— 23.1　　有点儿 yǒudiǎnr ～と 太 tài～

ちょっと～	**有点儿～** yǒudiǎnr	这个 菜 ‖ 〈有点儿〉油腻。 Zhège cài　　yǒudiǎnr yóunì.
～すぎる	**太** tài	这个 菜 ‖ 〈太〉油腻。 Zhège cài　　tài yóunì.

　話し手にとって望ましくない状態の程度は、有点儿 yǒudiǎnr～ と 太 tài～ によって表します。

　ただし、太 tài～ は、「なんて～なんだ」という感嘆表現としても使われ、その場合はふつう語気助詞 了 le をともないます。この感嘆表現は、望ましいことにも望ましくないことにも使われます。

这个 菜 太 好吃 了！　　　　なんておいしいんだ！
Zhège cài tài hǎochī le!

这个 菜 太 难 吃 了！　　　　なんてまずいんだ！
Zhège cài tài nán chī le!

●メモ —— 23.1　　程度副詞のいろいろ

非常に～	**非常～** fēicháng	这个 菜 ‖ 〈非常〉好吃。 Zhège cài　　fēicháng hǎochī.
相当に～	**相当～** xiāngdāng	这个 菜 ‖ 〈相当〉好吃。 Zhège cài　　xiāngdāng hǎochī.
比較的～	**比较～** bǐjiào	这个 菜 ‖ 〈比较〉好吃。 Zhège cài　　bǐjiào hǎochī.
それほど～でない	**不 太～** bú tài	这个 菜 ‖ 〈不 太〉好吃。 Zhège cài　　bú tài hǎochī.

練習問題

1. 次の文を中国語に訳してみよう。

①ギョーザはちょっと油っこいです。

（漢字）

_____

（ピンイン）

_____

②この料理はあっさりしすぎています。

（漢字）

_____

（ピンイン）

_____

③この水ギョーザはなんておいしいのでしょう！

（漢字）

_____

（ピンイン）

_____

④わたしは非常にのどがかわいています。

（漢字）

_____

（ピンイン）

_____

2. 次の文を漢字文に改め、日本語に訳してみよう。

Wǒ xǐhuan chī Zhōngguócài, yě xǐhuan chī Rìběncài. Zhōngguócài bǐjiào

_____

yóunì, fēicháng hǎochī. Rìběncài bǐjiào qīngdàn, yě hěn hǎochī, dànshì（但是）

_____

xiāngdāng guì（贵）.

_____

Ⅴ 形容詞述語文

第二十四课
Dì-èrshísì kè

明天 比 今天 还 热
Míngtiān bǐ jīntiān hái rè

渡边： 今天 真 热！
Dùbiān Jīntiān zhēn rè!

李 ： 听 说 明天 比 今天 还 热。
Lǐ Tīng shuō míngtiān bǐ jīntiān hái rè.

渡边： 你 去过 丝绸 之 路 吧，西安 的 夏天 怎么样？
Dùbiān Nǐ qùguo Sīchóu zhī lù ba, Xī'ān de xiàtiān zěnmeyàng?

李 ： 热，跟 东京 一样 热。
Lǐ Rè, gēn Dōngjīng yíyàng rè.

渡边： 那 敦煌 呢？
Dùbiān Nà Dūnhuáng ne?

李 ： 也 热，但是 没 有 东京 这么 闷热。
Lǐ Yě rè, dànshì méi yǒu Dōngjīng zhème mēnrè.

● 新出单語 —— 24

1.	今天	jīntiān	（名）	きょう
2.	听说	tīng shuō		聞くところによると〜
3.	比	bǐ	（介）	〜よりも
4.	还	hái	（副）	さらに〜、もっと〜
5.	丝绸之路	Sīchóu zhī lù	（名）	シルクロード
6.	吧	ba	（助）	推量、確認の語気を表す語気助詞
7.	西安	Xī'ān	（名）	陕西省の省都
8.	夏天	xiàtiān	（名）	夏 → 147頁「四季と寒暑」
9.	跟	gēn	（介）	〜と
10.	东京	Dōngjīng	（名）	東京
11.	一样	yíyàng	（形）	同様だ
12.	敦煌	Dūnhuáng	（名）	甘肃省の都市。シルクロードの要衝の一つ
13.	但是	dànshì	（接）	しかし
14.	这么	zhème	（代）	こんなに〜 ↔ 那么
15.	闷热	mēnrè	（形）	むし暑い

Ⅴ 形容詞述語文

24

●ポイント──24.1　比較表現①　「A は B より〜だ」

A ‖〈比 B〉〜
　　　 bǐ

明天 ‖〈比　今天〉热。
Míngtiān　 bǐ jīntiān　rè.

「A は B より〜だ」という比較表現は、介詞 比 bǐ からなる上記の構文によって表します。

●ポイント──24.2　比較表現②　「A は B と同じくらい〜だ」

A ‖〈跟 B 一样〉〜
　　 gēn　 yíyàng

西安 ‖〈跟　东京　一样〉　热。
Xī'ān　　gēn Dōngjīng yíyàng　　rè.

「A は B と同じくらい〜だ」という比較表現は、介詞 跟 gēn と形容詞 一样 yíyàng からなる上記の構文によって表します。

●ポイント──24.3　比較表現③　「A は B ほど〜でない」

A ‖ 没有 B
　　méi yǒu
　　　　　这么
　　　　　zhème
　　　　　那么
　　　　　nàme
〜

敦煌 ‖ 没　有　东京　这么　闷热。
Dūnhuáng　méi　yǒu Dōngjīng zhème　mēnrè.

敦煌 ‖ 没　有　西安　那么　闷热。
Dūnhuáng　méi　yǒu　Xī'ān　nàme　mēnrè.

「A は B ほど〜でない」という比較表現は、没有 méi yǒu と 这么 zhème、那么 nàme からなる上記の構文によって表します。

敦煌（鳴沙山と月牙泉）

泰　山

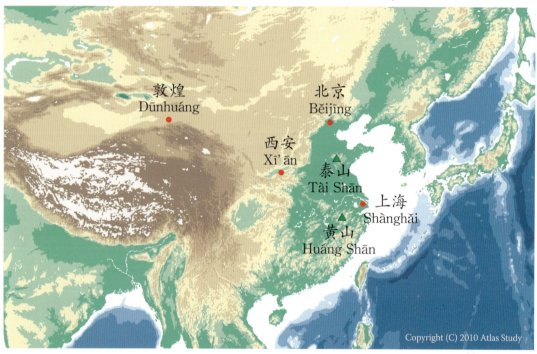

西安（兵馬俑坑）

黄　山

Ⅴ　形容詞述語文

練習問題

1. 「四季と寒暑」を参照して、次の文を中国語に訳してみよう。

①北京の冬は東京よりも寒いです。

（漢字）
_____

（ピンイン）

②北京の夏は東京と同じくらい暑いです。

（漢字）
_____

（ピンイン）

③北京の夏は東京ほどむし暑くありません。

（漢字）
_____

（ピンイン）

④今日はとても寒いですが、明日は今日よりももっと寒いそうです。

（漢字）
_____

（ピンイン）

2. 次の文を漢字文に改め、日本語に訳してみよう。

Xī'ān de xiàtiān gēn Dōngjīng de xiàtiān yíyàng rè. Dūnhuáng zài Gānsù

_____

Shěng xībù（甘肃省西部）, xiàtiān yě xiāngdāng rè. Dànshì méi yǒu Dōngjīng

_____

zhème mēnrè.

_____

● メモ ── 24.1　四季と寒暑

第二十五课
Dì-èrshíwǔ kè

比 泰 山 高 一点儿
Bǐ Tài Shān gāo yìdiǎnr

佐藤： 小 李, 你 爬过 黄 山 吗?
Zuǒténg Xiǎo Lǐ, nǐ páguo Huáng Shān ma?

李 ： 我 爬过。
Lǐ Wǒ páguo.

佐藤： 黄 山 有 多 高?
Zuǒténg Huáng Shān yǒu duō gāo?

李 ： 有 一千 八百 四十一 米。
Lǐ Yǒu yìqiān bābǎi sìshíyī mǐ.

佐藤： 比 泰 山 高 吗?
Zuǒténg Bǐ Tài Shān gāo ma?

李 ： 比 泰 山 高 一点儿, 高 三百 多 米。
Lǐ Bǐ Tài Shān gāo yìdiǎnr, gāo sānbǎi duō mǐ.

● 新出単語 ── 25

1.	爬	pá	（動）	登る
2.	黄山	Huáng Shān	（名）	安徽省にある中国の名山の一つ。主峰は標高 1,841 メートル
3.	高	gāo	（形）	高い
4.	千	qiān	（数）	千
5.	百	bǎi	（数）	百
6.	米	mǐ	（量）	メートル
7.	泰山	Tài Shān	（名）	山東省にある中国の名山の一つ。主峰は標高 1,524 メートル
8.	一点儿	yìdiǎnr		少し、ちょっと
9.	多	duō	（数）	概数を表す「〜あまり」

● 補充単語 ― 25

1.	富士山	Fùshì Shān	（名）	富士山
2.	〜得多	de duō		ずっと〜
3.	亿	yì	（数）	億
4.	万	wàn	（数）	万
5.	低	dī	（形）	低い

Ⅴ 形容詞述語文

● ポイント —— 25.1 「……はどれくらい～か？」

黄　山 ‖ 有　多　高？　→　有　一千　八百　四十一　米。
Huáng Shān　yǒu　duō　gāo?　　Yǒu　yìqiān　bābǎi　sìshíyī　mǐ.

高さ、長さ、重さなどについて「…はどれくらい～か？」とたずねる場合、

　…‖ 有　多 ～ ？
　　yǒu duō

という構文によって表します。

● ポイント —— 25.2 数の数え方②　1,111 のいい方

	せん	ひゃく	じゅういち
（日本語）	千	百	十一
（中国語）	一千	一百	一十一
	yìqiān	yìbǎi	yīshíyī

　中国語では、三桁以上の数を数える場合、一千 yìqiān 一百 yìbǎi 一十 yīshí の一 yī は省略できません。

150

●ポイント —— 25.3　　比較表現④　「AはBよりちょっと（ずっと）〜だ」

A‖〈比 B〉〜
bǐ

[一点儿]　黄　山‖〈比　泰　山〉高［一点儿］。
yìdiǎnr　Huáng Shān　bǐ　Tài Shān gāo　yìdiǎnr.

得［多］　富士山‖〈比　泰　山〉高得［多］。
de duō　Fùshì Shān　bǐ　Tài Shān gāo de　duō.

「AはBよりちょっと（ずっと）〜だ」という場合の「ちょっと」「ずっと」は、補語一点儿 yìdiǎnr 得多 de duō によって表します。日本語との語順の違いに注意しましょう。

高［一点儿］　（ちょっと高い）
gāo　yìdiǎnr.

高 得［多］　（ずっと高い）
gāo de　duō.

●ポイント —— 25.4　　比較表現⑤　「AはBより……だけ〜だ」

A‖〈比 B〉〜 [……]　黄　山‖〈比 泰　山〉高［三百多米］。
bǐ　Huáng Shān　bǐ Tài Shān gāo　sānbǎi duō mǐ.

「AはBより……だけ〜だ」という場合の比較表現の差異「……だけ」は、数量補語によって表します。

V 形容詞述語文

25

151

練習問題

1. 次の文を中国語に訳してみよう。

①泰山は黄山よりちょっと低いです。

（漢字）

（ピンイン）

②黄山は富士山よりずっと低いです。

（漢字）

（ピンイン）

③富士山はどれくらいの高さがありますか。

（漢字）

（ピンイン）

④富士山は黄山より 1,900 メートル余り高いです。

（漢字）

（ピンイン）

2. 次の文を漢字文に改め、日本語に訳してみよう。

Nǐ zhīdao(知道) Cháng Jiāng(长江) hé Huáng Hé(黄河) yǒu duō cháng(长) ma ?

Cháng Jiāng quáncháng(全长)yǒu liùqiān sānbǎi gōnglǐ, shì Zhōngguó dì-yī dà hé.

Huáng Hé quáncháng yǒu wǔqiān sìbǎi liùshísì gōnglǐ, bǐ Cháng Jiāng duǎn(短)

yìdiǎnr, duǎn bābǎi duō gōnglǐ.

●メモ──25.1　長さの単位

キロメートル	(km)	公里 gōnglǐ	
メートル	(m)	米 mǐ	
センチメートル	(cm)	厘米 límǐ	
ミリメートル	(mm)	毫米 háomǐ	

Ⅴ　形容詞述語文

名詞述語文

発音の基本	I
中国語の基本構造	II
動詞述語文	III
中国語の態	IV
形容詞述語文	V
	VI
連体修飾語・連用修飾語	VII
補語	VIII
さまざまな表現	IX

VI

第二十六课
Dì-èrshíliù kè

今天 几 月 几 号？
Jīntiān jǐ yuè jǐ hào?

渡边：你 的 生日 是 几 月 几 号？
Dùbiān Nǐ de shēngri shì jǐ yuè jǐ hào?

李　：我 的 生日 是 十一 月 五 号。
Lǐ　　 Wǒ de shēngri shì shíyī yuè wǔ hào.

渡边：今天 几 月 几 号？
Dùbiān Jīntiān jǐ yuè jǐ hào?

李　：今天 十 月 二十九 号。
Lǐ　　 Jīntiān shí yuè èrshíjiǔ hào.

渡边：今天 星期 几？
Dùbiān Jīntiān xīngqī jǐ?

李　：今天 星期五。
Lǐ　　 Jīntiān xīngqīwǔ.

渡边：那么，下 星期五 是 你 的 生日！
Dùbiān Nàme, xià xīngqīwǔ shì nǐ de shēngri!

李　：对。
Lǐ　　 Duì.

新出単語 —— 26

1.	生日	shēngri	（名）	誕生日
2.	号	hào	（名）	日（口語では 号 hào が使われ、文章語では 日 rì が使われる）
3.	星期	xīngqī	（名）	曜日
	星期几	xīngqī jǐ		何曜日
4.	星期五	xīngqīwǔ	（名）	金曜日
5.	那么	nàme	（接）	それでは
6.	下	xià		次の〜

● ポイント── 26.1　　月日のたずね方、こたえ方

今天　几月　几号？　→　今天　十月　二十九　号。
Jīntiān　jǐ yuè　jǐ hào?　　　Jīntiān　shí yuè　èrshíjiǔ　hào.

「〜月〜日」の「〜日」は、文章語では〜日 rì、口語では〜号 hào が使われます。

● ポイント── 26.2　　曜日のたずね方、こたえ方

今天　星期　几？　→　今天　星期五。
Jīntiān　xīngqī　jǐ?　　　Jīntiān　xīngqīwǔ.

●ポイント—— 26.3　曜日のいい方

（日）　星期天　（星期日）
　　　　xīngqītiān　（xīngqīrì）

（月）　星期一
　　　　xīngqīyī

（火）　星期二
　　　　xīngqī'èr

（水）　星期三
　　　　xīngqīsān

（木）　星期四
　　　　xīngqīsì

（金）　星期五
　　　　xīngqīwǔ

（土）　星期六
　　　　xīngqīliù

練習問題

1. 「きのう・きょう・あした」「曜日のいい方」を参照しながら質問に答えてみよう。

    ① _____ 几 月 几 号?
    　　　　 jǐ yuè jǐ hào?

    → _____ _____ 月 _____ 号。
    　　　　　　　　 yuè 　　　 hào.

    ② _____ 星期 几?
    　　　　 xīngqī jǐ?

    → _____ 星期 _____ 。
    　　　　 xīngqī

2. 質問に答えてみよう。

你 的 生日 是 几 月 几 号?
Nǐ de shēngri shì jǐ yuè jǐ hào?

我 的 生日 是 _____ 月 _____ 号。
Wǒ de shēngri shì   yuè   hào.

3. 次の文を漢字文に改め、日本語に訳してみよう。

Xiǎo Lǐ de shēngri shì shíyī yuè wǔ hào. Xià xīngqīwǔ shì tā de shēngri. Tā kuài yào èrshí suì le. Tóngxuémen dǎsuan（打算） xià xīngqīwǔ kāi（开） shēngri wǎnhuì（晚会）.

VI 名詞述語文

26

第二十七课
Dì-èrshíqī kè

现在 几 点?
Xiànzài jǐ diǎn?

佐藤： 我们 去 看 棒球 比赛 吧。
Zuǒténg Wǒmen qù kàn bàngqiú bǐsài ba.

李 ： 可以 啊, 几 点 开始?
Lǐ   Kěyǐ a, jǐ diǎn kāishǐ?

佐藤： 两 点 开始。
Zuǒténg Liǎng diǎn kāishǐ.

李 ： 现在 几 点?
Lǐ   Xiànzài jǐ diǎn?

佐藤： 现在 一 点 三 刻。
Zuǒténg Xiànzài yì diǎn sān kè.

李 ： 哟, 只 有 十五 分钟 了, 我们 快 走 吧。
Lǐ   Yō, zhǐ yǒu shíwǔ fēnzhōng le, wǒmen kuài zǒu ba.

● 新出単語 —— 27

1.	棒球	bàngqiú	（名）	野球
2.	比赛	bǐsài	（名）	試合
3.	啊	a	（助）	ここでは肯定の語気を表す
4.	开始	kāishǐ	（動）	始まる
5.	现在	xiànzài	（名）	現在、いま
6.	点	diǎn	（量）	「〜時〜分」というときの「〜時」
7.	刻	kè	（量）	十五分単位で数える時間の単位
8.	只	zhǐ	（副）	ただ〜だけ
9.	哟	yō	（嘆）	軽い驚きを表す
10.	分钟	fēnzhōng	（量）	時間の長さとしての「〜分（間）」

● 補充単語 ── 27

1. 分　　　fēn　　　　（量）　「〜時〜分」というときの「〜分」
2. 半　　　bàn　　　　（数）　「〜時半」というときの「半」
3. 差　　　chà　　　　（動）　「〜時〜分前」というときの「前」
4. 起床　　qǐ chuáng　　　　起床する
5. 睡觉　　shuì jiào　　　　眠る、寝る

27

VI 名詞述語文

● ポイント ── 27.1　　時刻のたずね方、こたえ方

现在 几 点？　→　现在 一 点 四 分。
Xiànzài jǐ diǎn?　　Xiànzài yī diǎn sì fēn.

中国語では、「〜時〜分」の「〜時」を 〜点 diǎn、「〜分」を 〜分 fēn といいます。

● ポイント ── 27.2　　時刻のいい方 ①

2：00　两 点
　　　　liǎng diǎn

2：15　两 点 十五 分
　　　　liǎng diǎn shíwǔ fēn

2：30　两 点 三十 分（两 点 半）
　　　　liǎng diǎn sānshí fēn liǎng diǎn bàn

2：45　两 点 四十五 分
　　　　liǎng diǎn sìshíwǔ fēn

2：55　两 点 五十五 分
　　　　liǎng diǎn wǔshíwǔ fēn

「二時」は 二点ではなく 两点 liǎng diǎn といいます。
なお、「〜時半」は 〜点半 diǎn bàn といいます。

●ポイント —— 27.3　時刻のいい方② 刻 kè

2：15	两 liǎng	点 diǎn	十五 shíwǔ	分 fēn	=	两 liǎng	点 diǎn	一 yí	刻 kè
2：45	两 liǎng	点 diǎn	四十五 sìshíwǔ	分 fēn	=	两 liǎng	点 diǎn	三 sān	刻 kè

　中国語には、英語の quarter (s) と同様、15分単位で時間を数える 刻 kè という単位があります。このため、15分は 一刻 yí kè、45分は 三刻 sān kè ともいいます。

●ポイント —— 27.4　時刻のいい方③「〜時〜分前」

2：55	两 liǎng	点 diǎn	五十五 wǔshíwǔ	分 fēn	=	差 chà	五 wǔ	分 fēn	三 点 sān diǎn

中国語では「〇時△分前」という場合、次のように表現されます。

差 △ 分 〇 点
chà 　 fēn 　 diǎn

練習問題

1. 「朝・昼・晩」を参照して、次の文を中国語に訳してみよう。

①今十一時半です。

（漢字）

_____

（ピンイン）

②今六時四十五分です。（刻 kè を使って）

（漢字）

_____

（ピンイン）

③今三時十分前です。

（漢字）

_____

（ピンイン）

④試合は午後二時に始まります。

（漢字）

_____

（ピンイン）

● メモ—27.1　　　　朝・昼・晩

1. 早上	zǎoshang	（名）	朝
2. 上午	shàngwǔ	（名）	午前
3. 中午	zhōngwǔ	（名）	昼どき
4. 下午	xiàwǔ	（名）	午後
5. 晚上	wǎnshang	（名）	夜

2. 質問に答えてみよう。

①

你 几 点 起 床?
Nǐ jǐ diǎn qǐ chuáng?

我 _____ 起 床。
Wǒ   qǐ chuáng.

②

你 几 点 睡 觉?
Nǐ jǐ diǎn shuì jiào?

我 _____ 睡 觉。
Wǒ   shuì jiào.

3. 「朝・昼・晩」を参照して、次の文を漢字文に改め、日本語に訳してみよう。

　　Xiǎo Lǐ jīntiān zǎoshang qī diǎn sān kè qǐ chuáng, shí diǎn èrshíwǔ fēn shàng

_____

kè（上课）, shíyī diǎn wǔshíwǔ fēn xià kè.

_____

　　Xiàwǔ tā hé Zuǒténg yìqǐ kàn bàngqiú bǐsài. Tā dì-yī cì（第一次） kàn bàngqiú

_____

bǐsài. Wǎnshang bā diǎn huílai（回来）, shíyī diǎn bàn shuì jiào.

_____

第二十八课
Dì-èrshíbā kè

这 只 手表 多少 钱？
Zhè zhī shǒubiǎo duōshao qián?

渡边： 小 李，你 这 只 手表 多少 钱？
Dùbiān Xiǎo Lǐ, nǐ zhè zhī shǒubiǎo duōshao qián?

李 ： 一百 零 四 块。
Lǐ　　 Yìbǎi líng sì kuài.

渡边： 是 中国 的 吗？
Dùbiān Shì Zhōngguó de ma?

李 ： 对。
Lǐ　　 Duì.

渡边： 折合 日元 …… 两千 二。这么 便宜!?
Dùbiān Zhéhé rìyuán liǎngqiān èr. Zhème piányi!?

李 ： 物价 不 一样 嘛。
Lǐ　　 Wùjià bù yíyàng ma.

●新出単語—— 28

1.	只	zhī	（量）	時計を数える
2.	手表	shǒubiǎo	（名）	腕時計
3.	多少	duōshao	（形）	疑問代詞「いくつ」
4.	钱	qián	（名）	お金、貨幣
	多少钱	duōshao qián		（金額が）いくら
5.	零	líng	（数）	空位を表す「とんで」
6.	块	kuài	（量）	貨幣単位 元 yuán の口語表現
7.	折合	zhéhé	（動）	換算する
8.	日元	rìyuán	（名）	日本の通貨、日本円
9.	便宜	piányi	（形）	（値段が）安い ↔ 贵 guì
10.	物价	wùjià	（名）	物価
11.	嘛	ma	（助）	道理から言って当然そうであるという語気を表す「〜ではないか」

● 補充単語 —— 28

1. 元　　　　yuán　　　　（量）　　貨幣単位
2. 角　　　　jiǎo　　　　（量）　　貨幣の補助単位。元 yuán の十分の一
3. 分　　　　fēn　　　　 （量）　　貨幣の補助単位。元 yuán の百分の一
4. 毛　　　　máo　　　　（量）　　貨幣の補助単位。角 jiǎo の口語表現
5. 人民币　　rénmínbì　 （名）　　中国の通貨、人民元

VI 名詞述語文

28

● ポイント ── 28.1　金額のいい方

R.M.B. ￥2.22
- 書きことば　二 元 二 角 二 分
　　　　　　　èr yuán èr jiǎo èr fēn
- 話しことば　两 块 二 毛 二 （分）
　　　　　　　liǎng kuài èr máo èr （fēn）

中国の貨幣を人民币 rénmínbì（略号 R.M.B. ￥）といいます。

貨幣単位は、書きことばでは 元 yuán、角 jiǎo、分 fēn が、話しことばでは 块 kuài、毛 máo、分 fēn が多く使われます。ただし、話しことばでは末位につく貨幣単位は省略することができます。

また、桁とびがある場合、空位は 零 líng で表します。空位が二桁以上にわたる場合にも、零 líng 一つで表します。

R.M.B. ￥40.05　四十 块 零 五 （分）
　　　　　　　　sìshí kuài líng wǔ （fēn）

✗四十 块 零 零 五 （分）

また、最上位の 2 には、ふつう 两 liǎng を使います。

R.M.B. ￥2.22　两 块 二 毛 二 （分）
　　　　　　　liǎng kuài èr máo èr （fēn）

✗二 块 二 毛 二 （分）

● ポイント ── 28.2　金額のたずね方、こたえ方

这 只 手表 ‖ 多少 钱？ → 一百 零 四 块。
Zhè zhī shǒubiǎo duōshao qián?　Yìbǎi líng sì kuài.

金額をいう場合には、名詞述語文が使われます。

170

● ポイント ── 28.3　数の数え方③　104 のいい方

（日本語）　　百(ひゃく)　四(よん)

（中国語）　　一百　零　四
　　　　　　　yìbǎi　líng　sì

中国語では桁とびがある場合、空位は 零 líng で表します。空位が二桁以上にわたる場合にも、零 líng 一つで表します。

1,001　　一千　零　一
　　　　　yìqiān　líng　yī

　✗ 一千　零　零　一

● ポイント ── 28.4　数の数え方④　2,222 のいい方

（日本語）　二千(にせん)　二百(にひゃく)　二十二(にじゅうに)

（中国語）　两千　二百　二十二
　　　　　liǎngqiān　èrbǎi　èrshí'èr

亿 yì、万 wàn、千 qiān の単位では、最上位の 2 はふつう 两 liǎng を使います。

● ポイント —— 28.5 数の数え方⑤ 2,200のいい方

（日本語） 二千 二百
にせん にひゃく

（中国語） 两千 二（百）
liǎngqiān èr （bǎi）

末位の位数は省略することができます。ただし、直前が空位の場合には省略できません。

2,020 两千 零 二十
liǎngqiān líng èrshí

✗ 两千 零 二

また、量詞をともなう場合にも、位数を省略することはできません。

￥2,200 两千 二百 块
liǎngqiān èrbǎi kuài

✗ 两千 二 块

練習問題

1. 次の金額を中国語に訳してみよう。

① R.M.B. ￥22,000

（漢字）
_____

（ピンイン）

② R.M.B. ￥2,200

（漢字）
_____

（ピンイン）

③ R.M.B. ￥22

（漢字）
_____

（ピンイン）

④ R.M.B. ￥105

（漢字）
_____

（ピンイン）

⑤ R.M.B. ￥3.80

（漢字）
_____

（ピンイン）

⑥ R.M.B. ￥0.01

（漢字）
_____

（ピンイン）

2. 次の文を漢字文に改め、日本語に訳してみよう。

A：Láojià（劳驾）, zhè zhǒng（种）wūlóngchá（乌龙茶）duōshao qián yì jīn（斤）？

_____

B：Wǔshíwǔ kuài wǔ yì jīn.

_____

A：Lái（来）sān jīn ba. Yígòng（一共）duōshao qián？

_____

B：Yígòng yìbǎi liùshíliù kuài wǔ.

_____

連体修飾語・連用修飾語

VII

- I 発音の基本
- II 中国語の基本構造
- III 動詞述語文
- IV 中国語の態
- V 形容詞述語文
- VI 名詞述語文
- **VII**
- VIII 補語
- IX さまざまな表現

第二十九课
Dì-èrshíjiǔ kè

你 的 这 件 新 毛衣 真 漂亮！
Nǐ de zhè jiàn xīn máoyī zhēn piàoliang!

佐藤： 你 的 这 件 新 毛衣 真 漂亮！
Zuǒténg Nǐ de zhè jiàn xīn máoyī zhēn piàoliang!

李 ： 这 是 渡边 送 我 的 生日 礼物。
Lǐ Zhè shì Dùbiān sòng wǒ de shēngri lǐwù.

佐藤： 我 真 羡慕 你。
Zuǒténg Wǒ zhēn xiànmù nǐ.

李 ： 我 也 想 送 她 一点儿 东西。
Lǐ Wǒ yě xiǎng sòng tā yìdiǎnr dōngxi.

佐藤： 送 什么？
Zuǒténg Sòng shénme?

李 ： 我 想 送 一 张 音乐会 的 票。
Lǐ Wǒ xiǎng sòng yì zhāng yīnyuèhuì de piào.

　　　她 很 喜欢 听 音乐。
　　　Tā hěn xǐhuan tīng yīnyuè.

● 新出単語 —— 29

1.	件	jiàn	（量）	衣類などを数える
2.	新	xīn	（形）	新しい ↔ 旧 jiù
3.	毛衣	máoyī	（名）	セーター
4.	漂亮	piàoliang	（形）	きれいだ
5.	送	sòng	（動）	贈る、とどける
6.	礼物	lǐwù	（名）	プレゼント
7.	羡慕	xiànmù	（動）	うらやむ
8.	想	xiǎng	（助動）	～したい、～したいと思う
9.	东西	dōngxi	（名）	物
10.	张	zhāng	（量）	平面を持っているものを数える。枚
11.	音乐	yīnyuè	（名）	音楽
	音乐会	yīnyuèhuì	（名）	コンサート
12.	票	piào	（名）	チケット

VII 連体修飾語・連用修飾語

29

● ポイント──29.1　　連体修飾語と構造助詞　的 de

　　　　　　　　　　構造助詞 的 de
这 ‖ 是（渡边　送　我　的）生日　礼物。
Zhè　shì　Dùbiān sòng wǒ　 de　 shēngri　lǐwù.

　　　　　　　連体修飾語　　　　　　中心語

連体修飾語は中心語の前に置かれ、末尾には原則として構造助詞 的 de がつきます。
　ただし、連体修飾語のなかには 的 de を必要としないものもありますので、すでに勉強ずみのものを含めて整理しておきましょう。

①「(指示代詞) ＋ 数詞 ＋ 量詞」の構造が連体修飾語になる場合。
　（→ポイント 13.2　13.3）

　　（一　本）书　　　　（这　一　本）书
　　　yì　běn　shū　　　　zhè　yì　běn　shū

　　✕（一　本　的）书　　✕（这　一　本　的）书

②疑問を表す 什么 shénme、几 jǐ、多少 duōshao が連体修飾語になる場合。

　　（什么）名字?　　　（几）岁?　　　（多少）钱?
　　shénme míngzi?　　　jǐ　suì?　　　duōshao qián?

　　✕（什么 的）名字?　✕（几 的）岁?　✕（多少 的）钱?

③連体修飾語が人称代詞で、中心語が親族関係や人間関係、所属集団を表す語の場合、
　的 de はふつう省略されます。
　（→ポイント 12.1）

　　（他）妈妈　　（我）同学　　（我们）大学
　　　tā　māma　　　wǒ tóngxué　　wǒmen dàxué

④単音節の形容詞が連体修飾語になる場合、多くは 的 de が省略されます。

　　（新）毛衣　　（高）山
　　　xīn　máoyī　　gāo　shān

●ポイント —— 29.2　連体修飾語の語順

だれの	どの	いくつの	どのような	～
			（新）xīn	毛衣 máoyī
		（一件）yí jiàn	（新）xīn	毛衣 máoyī
	（这）zhè	（一件）yí jiàn	（新）xīn	毛衣 máoyī
（你的）nǐ de	（这）zhè	（一件）yí jiàn	（新）xīn	毛衣 máoyī

　連体修飾語が複数ある場合、その語順はふつう、「だれの」「どの」「いくつの」「どのような」の語順になります。

VII　連体修飾語・連用修飾語

29

179

練習問題

1. 次の文を中国語に訳してみよう。

①昨日食べた中国料理はとてもおいしかったです。

（漢字）
_____

（ピンイン）

②彼女がプレゼントしてくれたセーターはとても暖かいです。

（漢字）
_____

（ピンイン）

③あの大きな二冊の辞書は図書館のです。

（漢字）
_____

（ピンイン）

④わたしは彼女のあの大きな二つの（两只 liǎng zhī）ひとみ（眼睛 yǎnjing）が好きです。

（漢字）
_____

（ピンイン）

2. 次の文を漢字文に改め、日本語に訳してみよう。

Zhè liǎng běn dōu shì Xiǎo Lǐ sòng wǒ de Zhōngwén（中文）shū. Yì běn shì Lǔ

_____

Xùn（魯迅）de xiǎoshuō（小说）, yì běn shì dāngdài（当代） de xiǎoshuō. Wǒ yě

_____

xiǎng sòng tā jǐ（几）běn Rìběn de xiǎoshuō.

_____

第三十课
Dì-sānshí kè

我 在 饭馆儿 辛辛苦苦 地 干了 一 个 月
Wǒ zài fànguǎnr xīnxīn-kǔkǔ de gànle yí ge yuè

佐藤： 我 下 星期 去 中国。
Zuǒténg Wǒ xià xīngqī qù Zhōngguó.

李 ： 你 买了 机票 了 吗?
Lǐ Nǐ mǎile jīpiào le ma?

佐藤： 我 已经 买 了。为了 买 机票，我 在 饭馆儿
Zuǒténg Wǒ yǐjīng mǎi le. Wèile mǎi jīpiào, wǒ zài fànguǎnr

辛辛苦苦 地 干了 一 个 月。
xīnxīn-kǔkǔ de gànle yí ge yuè.

李 ： 你 一 个 人 去 吗?
Lǐ Nǐ yí ge rén qù ma?

佐藤： 不，我 跟 同学 一起 去。
Zuǒténg Bù, wǒ gēn tóngxué yìqǐ qù.

李 ： 祝 你 一路 平安!
Lǐ Zhù nǐ yílù píng'ān!

● 新出单語── 30

1.	下星期	xià xīngqī		来週 ↔ 上星期 shàng xīngqī
2.	买	mǎi	(動)	～を買う ↔ 卖 mài
3.	机票	jīpiào	(名)	航空チケット
4.	为了	wèile	(介)	～のために、～するために
5.	在	zài	(介)	～で
6.	饭馆儿	fànguǎnr	(名)	食堂、レストラン
7.	地	de	(助)	単語、句、文の後について連用修飾語をつくる構造助詞
	辛辛苦苦地	xīnxīn-kǔkǔ de		とても苦労して～
8.	干	gàn	(動)	(仕事を)する
9.	祝你一路平安	zhù nǐ yílù píng'ān		お気をつけて（旅立つ人に贈ることば）

182

● 補充単語 —— 30

1. 愉快　　　yúkuài　　　（形）　たのしい

VII 連体修飾語・連用修飾語

● ポイント —— 30.1　　連用修飾語の位置

我 ‖ 〈下　星期〉　去　上海。
Wǒ　　 xià xīngqī　 qù Shànghǎi.

你 ‖ 〈一　个　人〉　去　吗?
Nǐ　　 yí　ge　rén　 qù　ma?

中国語における連用修飾語は中心語（動詞や形容詞）の前に置かれます。

● ポイント —— 30.2　　介詞句からなる連用修飾語

我 ‖ 〈在　饭馆儿〉　干了　一　个　月。
Wǒ　 zài fànguǎnr　gànle　yí　ge　yuè.

我 ‖ 〈跟　同学〉 〈一起〉　去。
Wǒ　 gēn tóngxué　yìqǐ　 qù.

介詞句も連用修飾語となり、やはり中心語の前に置かれます。

● メモ―30.1　　介詞のいろいろ

在〜 zài	〜で	我 ‖ 〈在 大学〉 学习。 Wǒ　　zài dàxué　xuéxí.
从〜 cóng	〜から（起点）	我 ‖ 〈从 东京〉 来。 Wǒ　cóng Dōngjīng lái.
离〜 lí	〜から（距離）	我 家 ‖ 〈离 学校〉 很 近。 Wǒ jiā　　lí xuéxiào hěn jìn.
跟〜 gēn	〜と	我 ‖ 〈跟 同学〉 去。 Wǒ　gēn tóngxué qù.
比〜 bǐ	〜よりも	黄 山 ‖ 〈比 泰 山〉 高 一点儿。 Huáng Shān bǐ Tài Shān gāo yìdiǎnr.
给〜 gěi	〜に（動作行為の対象）	我 ‖ 〈给 他〉 打 电话。 Wǒ　gěi tā dǎ diànhuà.
为了〜 wèile	〜のために（目的）	我 ‖ 〈为了 学 汉语〉 去 中国。 Wǒ　wèile xué Hànyǔ qù Zhōngguó.

● ポイント―― 30.3　　連用修飾語と構造助詞　地 de

我 ‖ 〈辛辛苦苦 地〉 干了 一 个 月。
Wǒ　　xīnxīn-kǔkǔ　de　　gànle yí ge yuè.

　動作がどのように行われるか（動作者の心情、表情や態度）を描写する連用修飾語の末尾に構造助詞 地 de を加えることがあります。

● ポイント―― 30.4　　連用修飾語の語順

我 ‖ 〈今年 暑假〉 〈在 饭馆儿〉 〈辛辛苦苦 地〉
Wǒ　jīnnián shǔjià　　zài fànguǎnr　　xīnxīn-kǔkǔ　de

干了 一 个 月。
gànle yí ge yuè.

　連用修飾語が複数ある場合、その語順は必ずしも一定ではありませんが、動作行為が行われる時間、場所、状態については、ふつう上記のような語順になります。

VII　連体修飾語・連用修飾語

練習問題

1. 次の文を中国語に訳してみよう。

①わたしたちはあさって富士山に登ります。

（漢字）
_____

（ピンイン）

②わたしは李さんと一緒にレストランへ行きます。

（漢字）
_____

（ピンイン）

③駅はここから近いですか。

（漢字）
_____

（ピンイン）

④今年の夏休み、わたしたちは海辺でとてもたのしく一ヶ月間遊びました。

（漢字）
_____

（ピンイン）

2. 次の文を漢字文に改め、日本語に訳してみよう。

Zuǒténg xià xīngqī qù Zhōngguó xué Hànyǔ. Tā wèile mǎi jīpiào zài fànguǎnr
_____

xīnxīn-kǔkǔ de gànle yí ge yuè, zhèng (挣) le èrshí duō wàn rìyuán.
_____

Tóngxuémen zuótiān gěi tā sòngxíng (送行), zài fànguǎnr hěn yúkuài de dùguò
_____

(度过) le yí ge wǎnshang.
_____

補語

発音の基本	I
中国語の基本構造	II
動詞述語文	III
中国語の態	IV
形容詞述語文	V
名詞述語文	VI
連体修飾語・連用修飾語	VII
	VIII
さまざまな表現	IX

VIII

第三十一课
Dì-sānshíyī kè

谁 打 得 好？
Shéi dǎ de hǎo?

李 ： 佐藤，你 打 网球 打 得 怎么样？
Lǐ　　Zuǒténg, nǐ dǎ wǎngqiú dǎ de zěnmeyàng?

佐藤： 打 得 还 可以。你 呢？
Zuǒténg　Dǎ de hái kěyǐ. Nǐ ne?

李 ： 我 也 会 一点儿。渡边 呢？
Lǐ　　Wǒ yě huì yìdiǎnr. Dùbiān ne?
　　　她 打 得 好 不 好？
　　　Tā dǎ de hǎo bu hǎo?

佐藤： 她 打 得 好 极 了。
Zuǒténg　Tā dǎ de hǎo jí le.

李 ： 星期天 我们 三 个 人 一块儿 打，怎么样？
Lǐ　　Xīngqītiān wǒmen sān ge rén yíkuàir dǎ, zěnmeyàng?

佐藤： 好 啊。看看 到底 谁 打 得 好。
Zuǒténg　Hǎo a. Kànkan dàodǐ shéi dǎ de hǎo.

● 新出単語 —— 31

1.	打	dǎ	（動）	（球技を）する
2.	网球	wǎngqiú	（名）	テニス
3.	还	hái	（副）	まずまず、まあ
4.	可以	kěyǐ	（形）	よい、わるくない
5.	会	huì	（動）	できる（技能を習得している）
6.	〜极了	jí le		最高に〜、極めて〜
7.	一块儿	yíkuàir	（副）	いっしょに
8.	到底	dàodǐ	（副）	いったい〜

補充単語 ── 31

1. 踢　　tī　　（動）　蹴る、（サッカーを）する
2. 跑　　pǎo　（動）　走る
3. 走　　zǒu　（動）　歩く
4. 快　　kuài　（形）　速い ↔ 慢 màn

● ポイント── 31.1　　程度補語

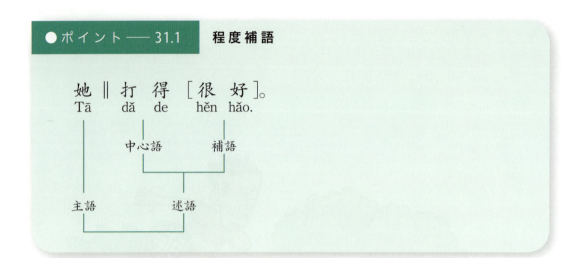

　中国語では、「誰々は〜するのが〜だ」というように、人の動作行為についての評価を述べる場合、中心語となる動詞のあとにその評価を表す成分を補います。この補充成分を程度補語といいます。
　程度補語の基本構造は次のとおりです。

　　　　動詞 ＋ 得 ＋ 程度補語

　動詞のあとには必ず構造助詞 得 de をつけるように注意してください。

● ポイント── 31.2　　程度補語のたずね方、こたえ方

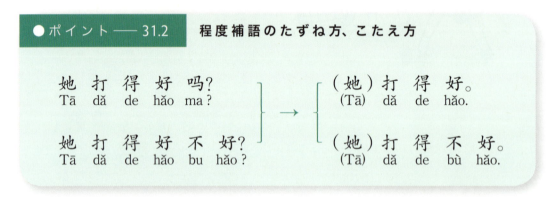

　否定表現の場合、不 bù の位置に注意しましょう。

　　　✕ 她 不 打 得 好。

●ポイント── 31.3　程度補語と目的語

他 （打） 网球 打 得 很 好。 …… 動詞をくりかえす
Tā　（dǎ）　wǎngqiú dǎ　de　hěn hǎo.

程度補語をともなう文がさらに目的語をともなう場合は、動詞がくりかえされ、

（動詞）＋ 目的語 ＋ 動詞 ＋ 得 ＋ 程度補語

の形をとります。はじめの動詞は省略できますが、後の動詞は省略できません。

✕她 打 网球 得 很 好。

VIII 補語

31

191

練習問題

1. 次の文を中国語に訳してみよう。

   ①彼は走るのが速いですか。

   （漢字）
   _____

   （ピンイン）

   ②彼は走るのが速くありません。

   （漢字）
   _____

   （ピンイン）

   ③彼女は中国語を話すのがうまいですか。

   （漢字）
   _____

   （ピンイン）

   ④彼女は中国語を話すのが相当うまいです。

   （漢字）
   _____

   （ピンイン）

2. 次の文を漢字文に改め、日本語に訳してみよう。

   Xiǎo Lǐ dǎ wǎngqiú dǎ de hěn hǎo. Zuǒténg dǎ de yě búcuò(不错). Dùbiān dǎ de

   _____

   hǎo jí le. Tā yǐjīng dǎle liù nián(年). Tāmen sān ge rén zuótiān yìqǐ dǎle wǎngqiú,

   _____

   wánr de fēicháng yúkuài.

   _____

● メモ－31.1　　球技のいろいろ

打 dǎ	棒球 bàngqiú	野球
	网球 wǎngqiú	テニス
	乒乓球 pīngpāngqiú	卓球
	高尔夫球 gāo'ěrfūqiú	ゴルフ
	排球 páiqiú	バレーボール
	篮球 lánqiú	バスケットボール
	羽毛球 yǔmáoqiú	バドミントン
踢 tī	足球 zúqiú	サッカー

第三十二课
Dì-sānshí'èr kè

你 打了 几 年 网球？
Nǐ dǎle jǐ nián wǎngqiú?

李 ： 你 打了 几 年 网球？
Lǐ　　Nǐ dǎle jǐ nián wǎngqiú?

渡边： 我 打了 六 年 了。
Dùbiān Wǒ dǎle liù nián le.

李 ： 你 现在 经常 和 谁 一起 打？
Lǐ　　Nǐ xiànzài jīngcháng hé shéi yìqǐ dǎ?

渡边： 和 学校 网球 队 的 朋友 一起 打,
Dùbiān Hé xuéxiào wǎngqiú duì de péngyou yìqǐ dǎ,

　　　一 个 星期 还 打 三四 次。
　　　yí ge xīngqī hái dǎ sān-sì cì.

李 ： 怪不得 你 打 得 这么 好。
Lǐ　　Guàibude nǐ dǎ de zhème hǎo.

● 新出单語──32

1.	年	nián	（名）	年
2.	经常	jīngcháng	（副）	いつも、しょっちゅう
3.	和	hé	（介）	～と
4.	队	duì	（名）	チーム
5.	朋友	péngyou	（名）	友だち
6.	星期	xīngqī	（名）	～週、～週間
7.	怪不得	guàibude ～		道理で～だ

● 補充単語 —— 32

1. 等　　　děng　　　（動）　待つ

VIII 補語

●ポイント── 32.1　　数量補語

数量補語
- ①動作行為の時間　我 ‖ 打了 ［六 年］。
  Wǒ　dǎle　liù nián.
- ②動作行為の回数　我 ‖ 打过 ［两 次］。
  Wǒ　dǎguo　liǎng cì.

　中国語では、動作行為の時間や回数を述べる場合、中心語の後にその時間や回数を表す補充成分を補います。この補充成分を数量補語といいます。

●ポイント── 32.2　　数量補語と目的語

我 ‖ 打了 ［六 年］ 网球。
Wǒ　dǎle　liù nián　wǎngqiú.

　数量補語をともなう文がさらに目的語をともなう場合、ふつう次のような語順になります。

　　動詞 ＋ 数量補語 ＋ 目的語　……　目的語が名詞の場合

　　動詞 ＋ 目的語 ＋ 数量補語　……　目的語が代詞の場合

我 ‖ 等了 她 ［一 个 小时］。
Wǒ　děngle　tā　yí ge xiǎoshí.

　ただし、程度補語の場合と同様、動詞がくりかえされ、

　　（動詞）＋ 目的語 ＋ 動詞 ＋ 数量補語

の形をとることがあります。この場合、動態助詞はあとの動詞につきます。

我 ‖ （打） 网球 打了 ［六 年］。　…… 動詞をくりかえす
Wǒ　dǎ　wǎngqiú dǎle　liù nián.

● ポイント —— 32.3　数量補語と語気助詞　了 le

我 ‖ 打了［六　年］。　……　現在も継続中であるかどうかは不明
Wǒ　　 dǎle　 liù nián.

我 ‖ 打了［六　年］了。……　現在も継続中
Wǒ　　 dǎle　 liù nián　le.

　数量補語をともなう文の文末に語気助詞 了 le を加えると、その動作行為が現在も継続中であることを表すことができます。

VIII 補語

練習問題

1. 次の文を中国語に訳してみよう。

①わたしたちは中国語を二年間勉強します。

（漢字）

（ピンイン）

②わたしたちは英語を六年間勉強しました。

（漢字）

（ピンイン）

③わたしは中国映画を二度見たことがあります。

（漢字）

（ピンイン）

④わたしは彼女を二時間待っています。

（漢字）

（ピンイン）

2. 次の文を漢字文に改め、日本語に訳してみよう。

Dùbiān: Zuǒténg xué yóuyǒng xuéle liù nián le. Tā yí ge xīngqī liànxí（练

习）sān cì, měi cì yóu wǔqiān mǐ zuǒyòu（左右）.

Lǐ:　　　Guàibude tā yóu de zhème kuài.

VIII 補語

第三十三课
Dì-sānshísān kè

对不起，我 打错 了
Duìbuqǐ, wǒ dǎcuò le

佐藤： 你 知道 王 老师 的 电话 号码 吗？
Zuǒténg Nǐ zhīdao Wáng lǎoshī de diànhuà hàomǎ ma?

李 ： 我 知道。是 三 七 一 六·九 二 八 五。
Lǐ Wǒ zhīdao. Shì sān qī yāo liù·jiǔ èr bā wǔ.

佐藤： 喂，是 王 老师 家 吗？…… 哦，对不起，
Zuǒténg Wéi, shì Wáng lǎoshī jiā ma? Ò, duìbuqǐ,

我 打错 了。
wǒ dǎcuò le.

李 ： 打错 了？
Lǐ Dǎcuò le?

佐藤： 你 记错 了 吧！这 不 是 他 家 的 电话 号码。
Zuǒténg Nǐ jìcuò le ba! Zhè bú shì tā jiā de diànhuà hàomǎ.

李 ： 我 没有 记错。你 再 打 一 次 吧。
Lǐ Wǒ méiyǒu jìcuò. Nǐ zài dǎ yí cì ba.

佐藤： 喂，是 王 老师 家 吗？
Zuǒténg Wéi, shì Wáng lǎoshī jiā ma?

（李君に向かって） 打通 了。
Dǎtōng le.

● 新出単語——33

1.	知道	zhīdao	（動）	〜を知っている
2.	电话	diànhuà	（名）	電話
3.	号码	hàomǎ	（名）	番号
4.	喂	wéi	（嘆）	もしもし
5.	哦	ò	（嘆）	ああ
6.	打	dǎ	（動）	（電話を）かける
7.	错	cuò	（形）	間違っている
8.	记	jì	（動）	〜を覚える
9.	通	tōng	（動）	通じる

200

VIII 補語

33

● ポイント── 33.1　結果補語

中国語では、動詞によって表される動作が、どのような結果になるか（あるいはなったか）を説明する場合、動詞の後にその結果を表す補充成分を加えます。この補充成分を結果補語といいます。

　　かける　　まちがえる　　かけまちがえる
　　　打　＋　錯　→　打［錯］
　　　dǎ　　　cuò　　　　dǎcuò

● ポイント── 33.2　結果補語のたずね方、こたえ方

結果補語の否定表現には、副詞没(有) méi(yǒu) を使います。

　　✕我　不　打［錯］

● ポイント —— 33.3　結果補語と目的語

私は電話をかけ間違えた。　我 ‖ 打［错］电话 了。
　　　　　　　　　　　　Wǒ　　dǎcuò　diànhuà.　le

　動詞＋結果補語という構造は結びつきが強いため、その間に目的語を入れることはできません。

　　✕我 ‖ 打 电话［错］了。

VIII 補語

33

203

練習問題

1. 「結果補語のいろいろ」を参照して、次の文を中国語に訳してみよう。

①すみません、いい間違えました。

（漢字）

_____

（ピンイン）

②あなたは電話をかけ間違えたでしょう。

（漢字）

_____

（ピンイン）

③もう読み終わりましたか。

（漢字）

_____

（ピンイン）

④まだ読み終わっていません。

（漢字）

_____

（ピンイン）

● メモ—33.1　　　結果補語のいろいろ

〜错 cuò	〜し間違える	我 ‖ 说 [错] 了。	Wǒ　shuōcuò　le.
〜完 wán	〜し終える	我 ‖ 已经 看 [完] 了。	Wǒ　yǐjīng　kànwán　le.
〜懂 dǒng	〜して理解する	你 ‖ 听 [懂] 了 吗?	Nǐ　tīngdǒng　le ma?
〜走 zǒu	〜して (その場を) 去る	他 ‖ 骑 [走] 了。	Tā　qízǒu　le.
〜好 hǎo	〜して満足な状態にする	我 ‖ 已经 复习 [好] 了。	Wǒ　yǐjīng　fùxí　hǎo le.
〜见 jiàn	〜して知覚される	你 ‖ 看 [见] 了 没有?	Nǐ　kànjiàn　le méiyǒu?

2. 次の文を漢字文に改め、日本語に訳してみよう。

Zuǒténg gěi Wáng lǎoshī dǎ diànhuà, dànshì dǎcuò le. Tā yǐwéi (以为) Xiǎo Lǐ

_____

shuō de hàomǎ bú duì, dàgài (大概) shì tā jìcuò le.

_____

Xiǎo Lǐ shuō:"Wǒ méiyǒu jìcuò. Nǐ zài dǎ yí cì ba."

_____

Yúshì (于是) tā yòu (又) dǎle yí cì, zhè huí (这回) dǎtōng le.

_____

VIII 補語

33

205

第三十四课
Dì-sānshísì kè

你 退 回去 吧
Nǐ tuì huiqu ba

李　：我 的 电视机 刚 买来 就 坏 了。
Lǐ　　Wǒ de diànshìjī gāng mǎilai jiù huài le.

渡边：你 是 什么 时候 买 的？
Dùbiān　Nǐ shì shénme shíhou mǎi de?

李　：我 是 前天 买 的。
Lǐ　　Wǒ shì qiántiān mǎi de.

渡边：那 不 要紧，你 退 回去 吧。
Dùbiān　Nà bú yàojǐn, nǐ tuì huiqu ba.

　　　商店 会 给 你 换 新 的。
　　　Shāngdiàn huì gěi nǐ huàn xīn de.

李　：我 还 要 去 取 吗？
Lǐ　　Wǒ hái yào qù qǔ ma?

渡边：不用，他们 会 给 你 送 回来。
Dùbiān　Búyòng, tāmen huì gěi nǐ sòng huilai.

● 新出単語 —— 34

1.	电视机	diànshìjī	（名）	テレビ
2.	刚	gāng	（副）	〜したばかり
3.	坏	huài	（形）	わるい、故障している
4.	的	de	（助）	時間、場所、方法などを強調する構造助詞
5.	退	tuì	（動）	返品する
6.	回	huí	（動）	返す、帰る
7.	商店	shāngdiàn	（名）	商店
8.	会	huì	（助動）	〜のはずだ
9.	给	gěi	（介）	奉仕の対象を表す「〜に」「〜のために」
10.	换	huàn	（動）	〜に換える
11.	还	hái	（副）	また、さらに
12.	要	yào	（助動）	〜する必要がある
13.	取	qǔ	（動）	〜を受け取る
14.	不用	búyòng		（〜する）必要がない

● 補 充 単 語 ── 34

1. 帯　　　dài　　　（動）　持つ、身につける

VIII 補語

34

● ポイント── 34.1　是 shì ～ 的 de 構文

我 ‖ 前天 买 了。
Wǒ　qiántiān mǎi　le.

我 ‖ （是）前天 买 的。　……'前天' が話題の中心
Wǒ　　(shì) qiántiān mǎi　de.

　ある動作行為が行われたかどうかではなく、いつ（時間）、どこで（場所）、どのように（方法）行われたかを話題にする場合、是 shì ～的 de 構文が使われます。
　是 shì は省略することができます。

● ポイント── 34.2　是 shì ～ 的 de 構文のたずね方、こたえ方

你（是）什么 时候 买 的?　→　我（是）前天 买 的。
Nǐ　shì　shénme shíhou mǎi de?　　Wǒ　shì qiántiān mǎi　de.

　ある動作行為が、いつ（時間）、どこで（場所）、どのように（方法）行われたかをたずねる場合、是 shì ～的 de 構文を使います。

　✕ 你 什么 时候 买 了?　（あなたがいつ買ったというんだ）

　また、そのこたえにも　是 shì ～的 de 構文を使います。

● ポイント — 34.3　方向補語 来 lai と 去 qu

他 ‖ 帯 ［来］。　……　持って<u>くる</u>
Tā　　dàilai.

他 ‖ 帯 ［去］。　……　持って<u>いく</u>
Tā　　dàiqu.

動詞の後について動作の方向を表す成分を方向補語といいます。
　方向補語 来 lai は、動作が話し手に向かって行われることを、去 qu は、その逆方向に向かって行われることを表します。

● ポイント — 34.4　複合方向補語

他 ‖ 帯　［回来］。　……　持って<u>帰ってくる</u>
Tā　　dài　huilai.

他 ‖ 帯　［回去］。　……　持って<u>帰っていく</u>
Tā　　dài　huiqu.

　方向補語には、また、上記の例のように、来 lai と 去 qu が他の方向性を持った動詞と結びついて、動作の向かう方向をよりこまやかに表現するものがあります。このように二字からなる方向補語を複合方向補語といいます。

● メモ－34.1　　複合方向補語のいろいろ

～上来／去
shanglai/qu

跑 [上来] 駆け上ってくる
pǎo　shanglai

跑 [上去] 駆け上っていく
pǎo　shangqu

～下来／去
xialai/qu

跑 [下来] 駆け下りてくる
pǎo　xialai

跑 [下去] 駆け下りていく
pǎo　xiaqu

～进来／去
jinlai/qu

跑 [进来] 駆け込んでくる
pǎo　jinlai

跑 [进去] 駆け込んでいく
pǎo　jinqu

～出来／去
chulai/qu

跑 [出来] 駆け出してくる
pǎo　chulai

跑 [出去] 駆け出していく
pǎo　chuqu

～回来／去
huilai/qu

跑 [回来] 駆け戻ってくる
pǎo　huilai

跑 [回去] 駆け戻っていく
pǎo　huiqu

練習問題

1. 次の文を中国語に訳してみよう。

①あなたのテレビはどこで買ったのですか。

（漢字）

（ピンイン）

②わたしのテレビは秋葉原（秋叶原 Qiūyèyuán）で買ったのです。

（漢字）

（ピンイン）

③彼は明日中国から帰ってきます。

（漢字）

（ピンイン）

④この本は中国から持って帰ってきたのです。

（漢字）

（ピンイン）

VIII 補語

2. 次の文を漢字文に改め、日本語に訳してみよう。

Wǒ gēge gāng cóng Zhōngguó huílai. Zhège yīnyuè CD shì tā zài Běijīng mǎi

_____

de, hěn hǎotīng（好听）. Zhè běn Hànyǔ zìdiǎn yě shì tā gěi wǒ dài huilai de.

_____

●メモ－34.2　家電製品のいろいろ

电脑	diànnǎo	（名）	コンピューター	
手机	shǒujī	（名）	携帯電話	
数码相机	shùmǎ xiàngjī	（名）	デジタルカメラ	
打印机	dǎyìnjī	（名）	プリンター	
微波炉	wēibōlú	（名）	電子レンジ	
电冰箱	diànbīngxiāng	（名）	冷蔵庫	
洗衣机	xǐyījī	（名）	洗濯機	
吸尘器	xīchénqì	（名）	掃除機	
电饭锅	diànfànguō	（名）	電気炊飯器	

VIII　補語

第三十五课
Dì-sānshíwǔ kè

我 听不懂
Wǒ tīngbudǒng

李： 我们 一起 看 电视 吧。美国 电影 开始 了。
Lǐ　　Wǒmen yìqǐ kàn diànshì ba. Měiguó diànyǐng kāishǐ le.

佐藤： 英语，你 听得懂 吗？
Zuǒténg Yīngyǔ, nǐ tīngdedǒng ma?

李： 听得懂。
Lǐ　　Tīngdedǒng.

佐藤： 他们 说 得 太 快，我 听不懂。
Zuǒténg Tāmen shuō de tài kuài, wǒ tīngbudǒng.

李： 那 我们 听 日语 吧。（音声を日本語に切り替える）
Lǐ　　Nà wǒmen tīng Rìyǔ ba.

　　　（テレビを見終えて）

佐藤： 糟 了，十二 点 了。我 回不去 了。
Zuǒténg Zāo le, shí'èr diǎn le. Wǒ huíbuqù le.

李： 没 关系。你 住 我 这儿 吧。
Lǐ　　Méi guānxi. Nǐ zhù wǒ zhèr ba.

● 新出単語── 35

1.	电影	diànyǐng	（名）	映画
2.	懂	dǒng	（動）	〜がわかる（ここでは補語として用いている）
3.	日语	Rìyǔ	（名）	日本語
4.	糟了	zāo le		しまった
5.	没关系	méi guānxi		だいじょうぶだ
6.	住	zhù	（動）	①住む ②泊まる
7.	我这儿	wǒ zhèr		わたしのところ

214

● ポイント —— 35.1　可能補語

結果補語 …… 听懂　→　听　[得 de / 不 bu]　懂
tīngdǒng　　　tīng　　　　　　　dǒng

方向補語 …… 回去　→　回　[得 de / 不 bu]　去
huíqu　　　　huí　　　　　　　qù

　結果補語や方向補語の前に構造助詞 得 de や副詞 不 bu を入れると、「〜できる」「〜できない」という可能、不可能を表します。これを可能補語といいます。
　可能補語は、多くは否定文や疑問文で用いられます。

● ポイント —— 35.2　可能補語と助動詞

他　说　得　太　快，我　听不懂。
Tā　shuō　de　tài　kuài,　wǒ　tīngbudǒng.

✗ 他　说　得　太　快，我　不　能　听懂。

　結果補語や方向補語をともなう文を、「〜できない」という不可能の表現にする場合、可能補語の否定形を使います。いっぽう、「〜できる」という可能の表現は、可能補語の肯定形を使っても、助動詞を使ってもかまいません。

他　说　得　很　慢，我　听得懂。
Tā　shuō　de　hěn　màn,　wǒ　tīngdedǒng.

他　说　得　很　慢，我　能　听懂。
Tā　shuō　de　hěn　màn,　wǒ　néng　tīngdǒng.

● ポイント── 35.3　可能補語のたずね方、こたえ方

你　听得懂　吗?　（我）听得懂。
Nǐ　tīngdedǒng　ma?　　Wǒ　tīngdedǒng.

你　听得懂　听不懂?　（我）听不懂。
Nǐ　tīngdedǒng tīngbudǒng?　　Wǒ　tīngbudǒng.

可能補語を用いた質問には、可能補語で答えるのがふつうです。

練習問題

1. 次の文を中国語に訳してみよう。

①この本、あなたは（読んで）わかりますか。

（漢字）
_____

（ピンイン）
_____

②この本は難しすぎて、わたしは（読んで）わかりません。

（漢字）
_____

（ピンイン）
_____

③佐藤君は明日帰って来られますか。

（漢字）
_____

（ピンイン）
_____

④彼は明日帰って来られます。

（漢字）
_____

（ピンイン）
_____

2. 次の文を漢字文に改め、日本語に訳してみよう。

Zuótiān Xiǎo Lǐ hé Zuǒténg yìqǐ kàn Měiguó diànyǐng, shí'èr diǎn cái (才)

_____

kànwán. Zuǒténg huíbuqù le. Xiǎo Lǐ shuō: "Méi guānxi. Yàoshi (要是)

_____

gǎnbushàng (赶不上) mòbānchē (末班车), nǐ kěyǐ zhù wǒ zhèr."

_____

さまざまな表現

発音の基本　Ⅰ

中国語の基本構造　Ⅱ

動詞述語文　Ⅲ

中国語の態　Ⅳ

形容詞述語文　Ⅴ

名詞述語文　Ⅵ

連体修飾語・連用修飾語　Ⅶ

補語　Ⅷ

Ⅸ

IX

第三十六课
Dì-sānshíliù kè

我 不 想 见 他
Wǒ bù xiǎng jiàn tā

李　　：渡边，佐藤 来 了。
Lǐ　　　Dùbiān, Zuǒténg lái le.

渡边：我 不 想 见 他。
Dùbiān　Wǒ bù xiǎng jiàn tā.

李　　：你们 又 吵 嘴 了 吧?
Lǐ　　　Nǐmen yòu chǎo zuǐ le ba?

渡边：他 太 不 讲 理 了!
Dùbiān　Tā tài bù jiǎng lǐ le!

李　　：你 不要 生 气，你 得 见 他 啊。
Lǐ　　　Nǐ búyào shēng qì, nǐ děi jiàn tā a.

渡边：为 什么?
Dùbiān　Wèi shénme?

李　　：他 说 他 要 向 你 道 歉。
Lǐ　　　Tā shuō tā yào xiàng nǐ dào qiàn.

● 新出単語 —— 36

1.	见	jiàn	（動）	～に会う
2.	又	yòu	（副）	また
3.	吵嘴	chǎo zuǐ		口げんかする
4.	讲理	jiǎng lǐ		道理をわきまえる
5.	不要	búyào	（副）	～するな、～しないでください
6.	生气	shēng qì		怒る、はらをたてる
7.	得	děi	（助動）	～しなければならない
8.	为什么	wèi shénme		なぜ、なんのために
9.	要	yào	（助動）	～したい
10.	向	xiàng	（介）	～に
11.	道歉	dào qiàn		あやまる

IX さまざまな表現

36

●ポイント ── 36.1　「〜したい」「〜しなければならない」

〜したい	我 要 见 他。／我 想 见 他。 Wǒ yào jiàn tā.　Wǒ xiǎng jiàn tā.
〜したくない	我 不 想 见 他。 Wǒ bù xiǎng jiàn tā.
〜しなければならない	你 要 见 他。／你 得 见 他。 Nǐ yào jiàn tā.　Nǐ děi jiàn tā.
〜する必要はない	你 不用 见 他。 Nǐ búyòng jiàn tā.

　「〜したい」という願望や意志の表現は、助動詞 想 xiǎng や 要 yào によって表します。いっぽう、その否定表現「〜したくない」は、いずれも 不想 bù xiǎng によって表します。
　「〜しなければならない」という必要の表現は、助動詞 要 yào と 得 děi によって表します。いっぽう、その否定表現「〜する必要がない」は、いずれも 不用 búyòng によって表します。

●ポイント── 36.2　「～するな、しないでください」

不要～　　不要 生 气。
búyào　　　búyào shēng qì.

命令の否定表現は 不要 búyào ～によって表します。

●ポイント── 36.3　助動詞を用いた文のたずね方、こたえ方

你 想 见 他 吗?　　　　（我） 想 见 他。
Nǐ xiǎng jiàn tā ma?　　（Wǒ） xiǎng jiàn tā.

你 想 不 想 见 他?　　　（我） 不 想 见 他。
Nǐ xiǎng bu xiǎng jiàn tā?　（Wǒ） bù xiǎng jiàn tā.

　助動詞を用いた文は 吗 ma を使った疑問文、反復疑問文をつくれます。ただし、得 děi は反復疑問文には使えません。

✗ 你 得 不 得 见 他?

IX さまざまな表現

36

223

練習問題

1. 次の文を中国語に訳してみよう。

①わたしは映画を見たくありません。わたしは家へ帰りたいです。

（漢字）

_____

（ピンイン）

②口げんかしないでください。

（漢字）

_____

（ピンイン）

③わたしは行かなければなりませんか。あなたは行く必要はありません。

（漢字）

_____

（ピンイン）

④わたしはあした来なければなりませんか。（反復疑問文で）

（漢字）

_____

（ピンイン）

2. 次の文を漢字文に改め、日本語に訳してみよう。

Zuǒténg hé Dùbiān chǎo zuǐ le. Zuǒténg yào jiàn Dùbiān. Dùbiān bù xiǎng jiàn

tā. Dùbiān shuō: "Tā tài bù jiǎng lǐ le." Xiǎo Lǐ quàn（劝）tā shuō: "Zuǒténg yào

xiàng nǐ dào qiàn. Nǐ děi jiàn tā a."

IX さまざまな表現

第三十七课
Dì-sānshíqī kè

让 谁 讲 好 呢?
Ràng shéi jiǎng hǎo ne?

李 ： 下 回 课堂 讨论，让 谁 讲 好 呢?
Lǐ　　Xià huí kètáng tǎolùn, ràng shéi jiǎng hǎo ne?

佐藤： 请 小林 讲 吧。
Zuǒténg　Qǐng Xiǎolín jiǎng ba.

李 ： 不行，她 上 个 月 已经 讲 了。
Lǐ　　Bùxíng, tā shàng ge yuè yǐjīng jiǎng le.

佐藤： 那 怎么 办?
Zuǒténg　Nà zěnme bàn?

李 ： 佐藤，这 回 该 你 了 吧?
Lǐ　　Zuǒténg, zhè huí gāi nǐ le ba?

佐藤： 啊? 你们 打算 叫 我 来 啊?
Zuǒténg　Á? Nǐmen dǎsuan jiào wǒ lái a?

　　　 不行，我 不 想 干!
　　　 Bùxíng, wǒ bù xiǎng gàn!

● 新出単語 —— 37

1.	下回	xià huí		次回
2.	课堂讨论	kètáng tǎolùn	（名）	ゼミ
3.	让	ràng	（動）	兼語文で、「〜に〜させる」
4.	讲	jiǎng	（動）	発表する
5.	请	qǐng	（動）	兼語文で、「〜に〜してもらう」
6.	上个月	shàng ge yuè		先月
7.	怎么办	zěnme bàn		どうしよう?
8.	这回	zhè huí		今回
9.	该	gāi	（動）	〜の番だ
10.	啊	á	（嘆）	ええ?
11.	打算	dǎsuan	（動）	〜するつもりだ
12.	叫	jiào	（動）	兼語文で、「〜に〜させる」
13.	来	lái	（動）	代動詞「〜する」
14.	啊	a	（助）	反問の語気を表す

● ポイント —— 37.1　　兼語文

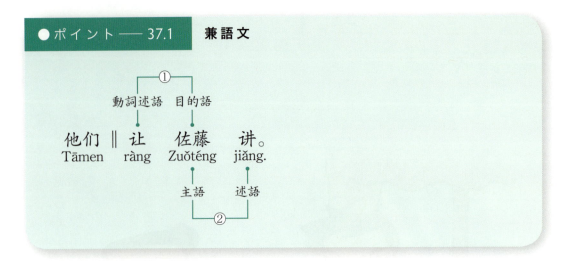

　述語が①動詞述語＋目的語と②主語＋述語という二つの構造からなり、かつ①の目的語が②の主語を兼ねている文を兼語文といいます。

● ポイント —— 37.2　　使役表現

　「AはBに～させる」という使役表現は、動詞 让 ràng、叫 jiào を使った兼語文によって表します。

● ポイント —— 37.3　　「～してもらう」

　「AはBに～してもらう」という要請表現は、動詞 请 qǐng を使った兼語文によって表します。

練習問題

1. 次の文を中国語に訳してみよう。

①彼に買いにいかせましょう。

（漢字）
_____

（ピンイン）
_____

②先生にちょっと読んでもらいましょう。

（漢字）
_____

（ピンイン）
_____

③彼にもう一度来てもらいましょう。

（漢字）
_____

（ピンイン）
_____

④あなたたちは彼女を一人で行かせるつもりですか。

（漢字）
_____

（ピンイン）
_____

2. 次の文を漢字文に改め、日本語に訳してみよう。

Xià huí kètáng tǎolùn ràng shéi jiǎng hǎo ne？Tóngxuémen dōu jiǎng le, zhǐyǒu
_____

（只有）Zuǒténg hái méi jiǎngguo.
_____

Xiǎo Lǐ shuō："Zuǒténg, nǐ méi jiǎngguo, zhè huí gāi nǐ le ba？"
_____

Zuǒténg bù xiǎng gàn, tā shuō："Nǐmen dǎsuan jiào wǒ lái a？Bùxíng！Háishi
_____

（还是）qǐng Xiǎolín lái ba！"
_____

IX さまざまな表現

37

229

第三十八课
Dì-sānshíbā kè

衣服 都 被 淋湿 了
Yīfu dōu bèi línshī le

李： 好 大 的 雨，衣服 都 被 淋湿 了。
Lǐ　 Hǎo dà de yǔ, yīfu dōu bèi línshī le.

渡边： 小 李，你 怎么 了？你 的 雨伞 呢？
Dùbiān　Xiǎo Lǐ, nǐ zěnme le? Nǐ de yǔsǎn ne?

李： 让 人 给 偷 了。
Lǐ　 Ràng rén gěi tōu le.

渡边： 那 你 的 雨衣 呢？
Dùbiān　Nà nǐ de yǔyī ne?

李： 昨天 叫 佐藤 给 借走 了。
Lǐ　 Zuótiān jiào Zuǒténg gěi jièzǒu le.

● 新出単語 —— 38

1.	好	hǎo	（副）	程度の著しさへの感嘆の語気を表す「なんて～」
2.	衣服	yīfu	（名）	服
3.	都～了	dōu~le		すっかり～
4.	被	bèi	（介）	受け身表現で動作の送り手を表す「～によって」
5.	淋	lín	（動）	濡らす、濡れる
6.	湿	shī	（形）	濡れている、湿っている
7.	怎么了	zěnme le		どうしたの？
8.	雨伞	yǔsǎn	（名）	傘
9.	让	ràng	（介）	受け身表現で動作の送り手を表す「～によって」
10.	给	gěi	（助）	受け身表現で動詞の前に置かれる構造助詞
11.	偷	tōu	（動）	～を盗む
12.	雨衣	yǔyī	（名）	レインコート
13.	叫	jiào	（介）	受け身表現で動作の送り手を表す「～によって」

IX さまざまな表現　　38

● ポイント —— 38.1　受け身表現

「AはBによって〜される」という受け身表現は、介詞 被 bèi、让 ràng、叫 jiào と構造助詞 给 gěi からなる上記の構文によって表されます。

構造助詞 给 gěi は口語の中でよく用いられ、省略することもできます。

● ポイント —— 38.2　介詞 被 bèi と 让 ràng、叫 jiào

雨伞 被 偷 了。
Yǔsǎn bèi tōu le.　→　被 bèi の場合、B は省略できる

✗雨伞 让 偷 了。
✗雨伞 叫 偷 了。　　→　让 ràng、叫 jiào の場合 B は省略できない

介詞 被 bèi の場合、動作の送り手である B は省略することができますが、让 ràng、叫 jiào の場合は省略できません。

また、B を省略した場合、構造助詞 给 gěi を加えることはできません。

雨伞 被 偷 了。
Yǔsǎn bèi tōu le.

✗雨伞 被 给 偷 了。

練習問題

1. 次の文を中国語に訳してみよう。

　①わたしの腕時計は人に盗まれてしまいました。

　（漢字）
　_____

　（ピンイン）

　②わたしのデジタルカメラは彼に壊されて（弄坏 nònghuài）しまいました。
　（漢字）
　_____

　（ピンイン）

2. 次の文の誤りを見つけて訂正してみよう。

　① 我的自行车被给人偷了。
　_____

　② 那本书让借走了。
　_____

3. 次の文を漢字文に改め、日本語に訳してみよう。

　Xiǎo Lǐ de yīfu dōu bèi yǔ gěi línshī le. Dùbiān wèn（问）tā: "Nǐ wèi shénme

　_____

　bù dǎ sǎn（打伞）?" Xiǎo Lǐ shuō: "Wǒ de yǔsǎn ràng rén gěi tōu le." Dùbiān yòu

　_____

　wèn tā: "Nà nǐ wèi shénme bù chuān（穿）yǔyī ne ?" Xiǎo Lǐ shuō: "Wǒ de yǔyī

　_____

　zuótiān jiào Zuǒténg gěi jièzǒu le."

　_____

IX さまざまな表現

38

第三十九课
Dì-sānshíjiǔ kè

我 把 衬衫 弄脏 了。
Wǒ bǎ chènshān nòngzāng le.

李　　：哎呀! 我 把 衬衫 弄脏 了。
Lǐ 　　　Āiyā! Wǒ bǎ chènshān nòngzāng le.

渡边：哪儿 脏 了?
Dùbiān　Nǎr zāng le?

李　　：袖口 这儿。
Lǐ 　　　Xiùkǒu zhèr.

渡边：你 这 是 怎么 弄 的?
Dùbiān　Nǐ zhè shì zěnme nòng de?

李　　：是 刚才 吃 饭 的 时候 不 小心 弄脏 的。
Lǐ 　　　Shì gāngcái chī fàn de shíhou bù xiǎoxīn nòngzāng de.

渡边：你 马上 把 它 脱 下来。现在 洗 还 来得及。
Dùbiān　Nǐ mǎshàng bǎ tā tuō xialai. Xiànzài xǐ hái láidejí.

● 新出単語 —— 39

1.	哎呀	āiyā	(嘆)	驚きを表す「あっ!」
2.	把	bǎ	(介)	動作行為の対象を特定する「〜を」
3.	衬衫	chènshān	(名)	シャツ、ブラウス
4.	弄	nòng	(動)	する
5.	脏	zāng	(形)	汚れている、きたない
	弄脏	nòngzāng		よごす
6.	袖口	xiùkǒu	(名)	そで口
7.	刚才	gāngcái	(副)	さっき、いましがた
8.	吃饭	chī fàn		食事をする
9.	小心	xiǎoxīn	(形)	注意深い
	不小心	bù xiǎoxīn		うっかり
10.	马上	mǎshàng	(副)	すぐに
11.	脱	tuō	(動)	脱ぐ
12.	洗	xǐ	(動)	洗う
13.	来得及	láidejí		(時間的に) 間に合う

Ⅸ　さまざまな表現

39

● ポイント── 39.1　　把 bǎ 構文

A ‖ 〈把 B〉 ~　　我 ‖ 〈把　衬衫〉弄脏　了。
　　　　　　　　Wǒ　　　bǎ chènshān nòngzāng le.

　動作行為の対象であるBを特定し、それをどうするか、あるいはどうしたかを表現する場合、把 bǎ 構文を使います。

● ポイント── 39.2　　把 bǎ 構文の動詞

我 ‖ 〈把　衬衫〉脱［下来］。
Wǒ　　bǎ chènshān tuō　xialai.

✕ 我 ‖ 〈把　衬衫〉脱。

　把 bǎ 構文の述語動詞は、ふつう裸のまま使われることはなく、補語（可能補語は除く）などの付加成分をともないます。
　また、不 bù、没有 méiyǒu などの否定の副詞や、想 xiǎng、要 yào、得 děi などの助動詞は 把 bǎ の前に置かれます。

我　还　没有　把　衬衫　脱　下来。
Wǒ　hái　méiyǒu　bǎ chènshān tuō　xialai.

我　得　把　衬衫　脱　下来。
Wǒ　děi　bǎ chènshān tuō　xialai.

236

練習問題

1. 次の文を中国語に訳してみよう。

①わたしのシャツをちょっと洗ってください。

（漢字）

（ピンイン）

②わたしは韓国の CD を借りてきました。聴いてみたいですか。

（漢字）

（ピンイン）

③わたしはまだレポートを書き終えていません。

（漢字）

（ピンイン）

④わたしはテレビを返品したいです。

（漢字）

（ピンイン）

2. 次の文を漢字文に改め、日本語に訳してみよう。

Jīntiān zǎoshang Zuǒténg qù huá bīng（滑冰）, bǎ kùzi（裤子）nòngshī（弄湿）le.

Tā zhǐ yǒu zhè yì tiáo（条）kùzi, yào gǎnjǐn bǎ kùzi shàigān（晒干）. Jīntiān shàngwǔ

tā chūbuqù le.

IX さまざまな表現

第四十课
Dì-sìshí kè

大楼 门口 出来了 一 个 高 个子
Dàlóu ménkǒu chūlaile yí ge gāo gèzi

李　　：对面 的 那 座 大楼 是 什么？
Lǐ　　　Duìmiàn de nà zuò dàlóu shì shénme?

佐藤：那 是 电视台。
Zuǒténg Nà shì diànshìtái.

李　　：大楼 前边儿 站着 那么 多 人，
Lǐ　　　Dàlóu qiánbianr zhànzhe nàme duō rén,

　　　　他们 在 干 什么 呢？
　　　　tāmen zài gàn shénme ne?

佐藤：他们 在 等 明星 出来 呢。
Zuǒténg Tāmen zài děng míngxīng chūlai ne.

李　　：你 看，大楼 门口 出来了 一 个 高 个子！
Lǐ　　　Nǐ kàn, dàlóu ménkǒu chūlaile yí ge gāo gèzi!

佐藤：我们 也 去 看看 吧。
Zuǒténg Wǒmen yě qù kànkan ba.

● 新出単語 —— 40

1.	对面	duìmiàn	（名）	向かい側
2.	座	zuò	（量）	建造物、山などどっしりした物を数える
3.	大楼	dàlóu	（名）	ビル
4.	电视台	diànshìtái	（名）	テレビ局
5.	站	zhàn	（動）	立つ ↔ 坐 zuò
6.	明星	míngxīng	（名）	スター
7.	出	chū	（動）	出る
8.	门口	ménkǒu	（名）	入り口
9.	你看	nǐ kàn		ほら、ねえ
10.	个子	gèzi	（名）	身長、柄
	高个子	gāo gèzi		背の高い人

IX さまざまな表現

40

239

● ポイント── 40.1　存現文

場所 ‖ 動詞 +	存在する人、事物	大楼　门口 ‖ 站着 一 个 人。 Dàlóu ménkǒu　zhànzhe yí ge rén.
場所 ‖ 動詞 +	出現（消失）する人、事物	大楼　门口 ‖ 出来 了 一 个 人。 Dàlóu ménkǒu　chūlai le yí ge rén.

　存現文は未知あるいは不特定の人や事物が存在、出現（消失）することを表すのに用いられます。すでに学んだ存在を表す動詞 有 yǒu を使った文（→**ポイント 16.2**）も存現文ですが、他の動詞でも広く用いられます。

　存在を表す存現文の場合、動詞にはよく持続態を表す動態助詞 着 zhe が加えられ、出現（消失）を表す存現文の場合、動詞にはよく動態助詞 了 le や方向補語、結果補語が加えられます。

● ポイント── 40.2　存現文における目的語

大楼　门口 ‖ 有 一 个 人。
Dàlóu ménkǒu　yǒu yí ge rén.

✗大楼　门口 ‖ 有 那个 人。

　存現文は存在、出現（消失）する人や事物そのものよりも、その事態の発生に関心がある時、あるいはその存在、出現（消失）にはじめて気がついた時に用います。このため、存現文の目的語には既知あるいは特定の人や事物は使えません。

240

●メモ ── 40.1　自然現象のいい方

自然現象を叙述する場合も、存現文を用います。

練習問題

1. 次の文を中国語に訳してみよう。

①図書館のなかにはおおぜいの学生がいます。

（漢字）

_____

（ピンイン）

②電車のなかにはおおぜいの人が立っています。

（漢字）

_____

（ピンイン）

③ビルの入り口から一人の人が駆け出してきました。

（漢字）

_____

（ピンイン）

④昨日東京では大雪（大雪 dàxuě）が降りました。

（漢字）

_____

（ピンイン）

2. 次の文を漢字文に改め、日本語に訳してみよう。

Wǒmen bān（班）láile yí ge Zhōngguó tóngxué, tā jiào Wáng Yīng（王英）, shì

_____

Táiwānrén. Zuótiān xiàwǔ xià dàxuě（大雪）de shíhou, shítáng（食堂）ménkǒu pǎo

_____

jinlai le yí ge rén, yīfu dōu bèi xuě nòngshī（弄湿）le. Tā jiù（就）shì Wáng Yīng.

_____

Tā dàshēng de（大声地）shuō: "Wǒ méiyǒu jiàn（见）guo xià zhème dà de xuě,

_____

hǎowánr（好玩儿）jí le, hǎowánr jí le."

_____

単語初出一覧表

数字は単語の初出ページを示しています。
ただし、先にポイント欄やメモ欄、練習問題に出てきて後に新出単語・補充
単語欄に出てくる単語のばあいは、新出単語・補充単語欄の掲載ページを示
しています。

A

啊
á
226（嘆）　ええ？

啊
a
162（助）　肯定の語気を表す
226（助）　反問の語気を表す

哎呀
āiyā
234（嘆）　驚きを表す「あっ！」

澳大利亚
Àodàlìyà
070（名）　オーストラリア

B

八
bā
046（数）　八

把
bǎ
234（介）　動作行為の対象を特
　　　　　定する「～を」

爸爸
bàba
089（名）　お父さん

吧
ba
100（助）　軽い命令や誘いかけ
　　　　　の語気を表す
142（助）　推量、確認の語気を
　　　　　表す語気助詞

百
bǎi
148（048）
　　（数）　百

班
bān
242（名）　クラス

半
bàn
163（数）　「～時半」というとき
　　　　　の「半」

棒球
bàngqiú
162（名）　野球

报告
bàogào
114（名）　レポート、報告

北边儿
běibianr
096（名）　北側

北京
Běijīng
040（名）　北京

北京大学
Běijīng Dàxué
040（名）　北京大学

被
bèi
230（介）　受け身表現で動作の
　　　　　送り手を表す「～に
　　　　　よって」

本
běn
074（量）　～冊（書物を数える）

鼻子
bízi
055（名）　鼻

比
bǐ
142（介）　～よりも

比赛
bǐsài
162（名）　試合

笔记本
bǐjìběn
085（名）　ノート（个 ge）

比较
bǐjiào
138（副）　比較的～

遍
biàn
101（量）　～回（動作の始めか
　　　　　ら終わりまでの全過
　　　　　程の回数を数える）

病
bìng
125（名）　病気

不错
búcuò
192（形）　良い、すばらしい

不客气
bú kèqi
029　　　　どういたしまして

不太
bú tài
056　　　　それほど～でない

不要
búyào
220（副）　～するな、
　　　　　～しないでください

不要紧
bú yàojǐn
138　　　　だいじょうぶ

不用
búyòng
206　　　　（～する）必要がない

不
bù
034（副）　否定副詞

不舒服
bù shūfu
050　　　　不快だ、（体の）具合
　　　　　が悪い

不小心
bù xiǎoxīn
234　　　　うっかり

不行
bùxíng
081　　　　だめです

C

才
cái
218（副）　やっと

菜
cài
139（名）　おかず、料理

差
chà
163（動）　「〜時〜分前」というときの「前」

长
cháng
152（形）　長い

长江
Cháng Jiāng
152（名）　長江

唱
chàng
065（動）　歌う

吵嘴
chǎo zuǐ
220　　　口げんかする

车站
chēzhàn
097（名）　駅，バス停

陈
Chén
030（名）　人名

衬衫
chènshān
234（名）　シャツ、ブラウス

吃
chī
138（動）　食べる

吃饭
chī fàn
234　　　食事をする

出
chū
238（動）　出る

出租汽车
chūzū qìchē
110（名）　タクシー

穿
chuān
233（134）
（動）　着る

船
chuán
110（名）　船

窗户
chuānghu
132（名）　窓

春天
chūntiān
147（名）　春

词典
cídiǎn
074（名）　辞典　词cì すなわち単語を中心に解説したもの

次
cì
100（047）
（量）　〜回（動作の回数を数える）

从
cóng
185（介）　〜から（起点）

错
cuò
200（065）
（形）　間違っている

D

打
dǎ
188（動）　（球技を）する
200（185）（動）　（電話を）かける

打开
dǎkāi
105（動）　開く

打雷
dǎ léi
241　　　雷が鳴る

打伞
dǎ sǎn
233　　　傘をさす

打算
dǎsuan
226（161）
（動）　〜するつもりだ

打印机
dǎyìnjī
213（名）　プリンター

大
dà
040（形）　大きい

大概
dàgài
205（副）　たぶん〜

大楼
dàlóu
238（名）　ビル

大声地
dàshēng de
242　　　大声で

大学
dàxué
040（名）　大学

大学生
dàxuéshēng
091（名）　大学生

大雪
dàxuě
242（名）　大雪

带
dài
207（動）　持つ、身につける

但是
dànshì
142（119）
（接）　しかし

当代
dāngdài
181（名）　現代

当然
dāngrán
080（副）　もちろん〜

到底
dàodǐ
188（副）　いったい〜

道歉
dào qiàn
220　　　あやまる

德国
Déguó
070（名）　ドイツ

単語初出一覧表

地
de
182（助）　単語、句、文の後について連用修飾語をつくる構造助詞

的
de
056（助）　単語、句、文の後について連体修飾語をつくる構造助詞
206（助）　時間、場所、方法などを強調する構造助詞

得
de
190（065）
（助）　動詞や形容詞の後に用い、程度や結果を導く構造助詞

〜得多
deduō
149　　ずっと〜

得
děi
220（119）
（助動）〜しなければならない

等
děng
195（動）　待つ

低
dī
149（形）　低い

第
dì
100（047）
（頭）　第

第一次
dì-yī cì
167　　はじめて〜

弟弟
dìdi
089（名）　弟

地铁
dìtiě
110（名）　地下鉄

点
diǎn
162（048）
（量）　「〜時〜分」というときの「〜時」

电冰箱
diànbīngxiāng
213（名）　冷蔵庫

电车
diànchē
110（名）　トロリーバス、電車

电饭锅
diànfànguō
213（名）　電気炊飯器

电话
diànhuà
200（185）
（名）　電話

电脑
diànnǎo
213（名）　コンピューター

电视
diànshì
062（名）　テレビ（放送）

电视机
diànshìjī
206（名）　テレビ

电视台
diànshìtái
238（名）　テレビ局

电影
diànyǐng
214（名）　映画

东边儿
dōngbianr
096（名）　東側

东京
Dōngjīng
142（名）　東京

冬天
dōngtiān
147（名）　冬

东西
dōngxi
176（名）　物

懂
dǒng
214（205）
（動）　〜がわかる、〜して理解する

都
dōu
044（副）　みんな〜、どちらも〜

都〜了
dōu~le
230　　すっかり〜

渡边
Dùbiān
030（名）　人名

渡边由美
Dùbiān Yóuměi
027（名）　人名

度过
dùguò
186（動）　過ごす

肚子
dùzi
050（036）
（名）　おなか

短
duǎn
152（形）　短い

队
duì
194（名）　チーム

对
duì
056（形）　正しい、そのとおり

对不起
duìbuqǐ
029　　ごめんなさい

对面
duìmiàn
238（名）　向かい側

敦煌
Dūnhuáng
142（名）　甘粛省の都市。シルクロードの要衝の一つ

多
duō
040 (036)
(形) 多い
044 (副) 形容詞の前に置いて
その程度をたずねる
148 (数) 概数を表す「〜あま
り」

多大
duō dà
044 (年齢などについて)
どれくらいの

多少
duōshao
168 (代) 疑問代詞「いくつ」

多少钱
duōshao qián
168 (金額が）いくら

E

鹅
é
009 (名) ガチョウ

俄罗斯
Éluósī
070 (名) ロシア

饿
è
138 (形) おなかがすいている、
空腹だ

耳朵
ěrduo
055 (名) 耳

二
èr
046 (数) 二

F

发音
fāyīn
056 (名) 発音

发烧
fā shāo
125 (動) 発熱する

法国
Fǎguó
070 (名) フランス

法律
fǎlǜ
034 (名) 法律（学）

法语
Fǎyǔ
079 (名) フランス語

法学
fǎxué
039 (名) 法律学

饭馆儿
fànguǎnr
182 (名) 食堂、レストラン

放暑假
fàng shǔjià
120 夏休みになる

非常
fēicháng
040 (副) とても〜、非常に〜

飞机
fēijī
106 (名) 飛行機

分
fēn
163 (048)
(量) 「〜時〜分」というと
きの「〜分」
169 (量) 貨幣の補助単位。
元 yuán の百分の一

分钟
fēnzhōng
162 (量) 時間の長さとしての
「〜分（間）」

附近
fùjìn
099 (名) 附近、近く

父亲
fùqin
089 (名) 父親

富士山
Fùshì Shān
149 (名) 富士山

复习
fùxí
132 (動) 復習する

G

该
gāi
226 (動) 〜の番だ

甘肃省
Gānsù Shěng
146 (名) 甘肃省

赶不上
gǎnbushàng
218 (動) （時間的に）間に合わ
ない

赶紧
gǎnjǐn
114 (副) 急いで〜

干
gàn
106 (動) （積極的に）する
182 (動) （仕事を）をする

刚
gāng
206 (副) 〜したばかり

刚才
gāngcái
234 (副) さっき、いましがた

高
gāo
148 (形) 高い

高尔夫球
gāo'ěrfūqiú
193 (名) ゴルフ

高个子
gāo gèzi
238 背の高い人

高桥
Gāoqiáo
030 (名) 人名

高兴
gāoxìng
131 (形) うれしい、喜ぶ

胳膊
gēbo
055 (名) 腕

哥哥
gēge
089 (名) 兄

単語初出一覧表

247

个子
gèzi
238（名）身長、柄

个
ge
062（047）
（量）最も広く用いられる量詞

给
gěi
185（介）動作行為の対象を表す「～に」
206（介）奉仕の対象を表す「～に」「～のために」
230（助）受け身表現で動詞の前に置かれる構造助詞

跟
gēn
142（介）～と

公共汽车
gōnggòng qìchē
110（名）乗り合いバス

公交车
gōngjiāochē
110（名）乗り合いバス

功课
gōngkè
132（名）学校の勉強

公里
gōnglǐ
126（量）キロメートル

公司职员
gōngsī zhíyuán
086（名）会社員

公园
gōngyuán
097（名）公園

工作
gōngzuò
086（名）仕事

狗
gǒu
021（名）イヌ

刮风
guā fēng
241　風が吹く

怪不得
guàibude~
194　道理で～だ

关
guān
132（動）（スイッチを）切る、閉める

贵
guì
168（141）
（形）（値段が）高い

贵姓
guì xìng
027　相手の姓をたずねる丁寧な表現

过
guo
126（助）動詞のあとに加えて経験態を表す動態助詞

H

还
hái
114（副）まだ～
142（副）さらに～、もっと～
188（副）まずまず、まあ
206（副）また、さらに

还是
háishi
229（副）やはり

海边儿
hǎibiānr
126（名）海辺

韩国
Hánguó
070（名）韓国

汉语
Hànyǔ
056（名）中国語

毫米
háomǐ
153（量）ミリメートル

好
hǎo
050（029）
（形）よい
205　～して満足な状態にする
230（副）程度の著しさへの感嘆の語気を表わす「なんて～」

好吃
hǎochī
138（形）（食べて）おいしい

好喝
hǎohē
139（形）（飲んで）おいしい

好听
hǎotīng
212（形）（音や声が）美しい、聴いて快い

好玩儿
hǎowánr
242（形）おもしろい

号
hào
156（048）
（名）日（口語では号 hào が使われ、文章語では日 rì が使われる）

号码
hàomǎ
200（名）番号

喝
hē
139（動）飲む

和
hé
056（接）～と
194（介）～と

黑板
hēibǎn
022（名）黒板

很
hěn
040（036）
（副）「とても」という意味の程度副詞

红茶
hóngchá
022（名）紅茶

后边儿
hòubianr
096（名） 後ろ側

后年
hòunián
048（名） さらいねん

后天
hòutiān
160（名） あさって

滑冰
huá bīng
237（動） スケートをする

坏
huài
206（形） わるい、故障している

换
huàn
206（動） ～に換える

黄
Huáng
030（名） 人名

黄河
Huáng Hé
152（名） 黄河

黄山
Huáng Shān
148（名） 安徽省にある中国の名山の一つ。主峰は標高 1,841 メートル

回
huí
206（動） 返す、帰る

回来
huílai
167 帰ってくる

会
huì
126（助動）～できる
188（動） できる（技能を習得している）
206（助動）～のはずだ

火车
huǒchē
110（名） 列車、機関車、汽車

或者
huòzhě
062（接） あるいは

J

鸡
jī
014（名） ニワトリ

机票
jīpiào
182（名） 航空チケット

极了
jí le
188 最高に～、極めて～

急事
jíshì
120（名） 急用

几
jǐ
044（代） 「いくつ」という意味の疑問代詞。比較的少ない数をたずねる際に用いる
181（数） 10までの不定の数を指す「いくつか」

记
jì
200（動） ～を覚える

家
jiā
086（名） 家庭

加拿大
Jiānádà
070（名） カナダ

剪刀
jiǎndāo
085（名） はさみ（把 bǎ）

见
jiàn
205（動） ～して知覚される
220（動） ～に会う
242（動） 見る

件
jiàn
176（134）（量） 衣類などを数える

讲
jiǎng
226（動） 発表する

讲理
jiǎng lǐ
220 道理をわきまえる

角
jiǎo
169（量） 貨幣の補助単位。元 yuán の十分の一

脚
jiǎo
055（名） 足（足首より下をいう）

饺子
jiǎozi
138（名） ギョーザ

叫
jiào
027（動） （名あるいはフルネームを）～という
226（動） 兼語文で、「～に～させる」
230（介） 受け身表現で動作の送り手を表す「～によって」

姐姐
jiějie
086（名） 姉

借
jiè
080（動） ～を借りる

今年
jīnnián
044（名） 今年

今天
jīntiān
142（048）（名） きょう

斤
jīn
174（量） 500 グラムを 1 とする重量単位

近
jìn
041（形） 近い

经常
jīngcháng
194（副） いつも、しょっちゅう

単語初出一覧表
249

经济学
jīngjìxué
039 （名）　経済学

经营
jīngyíng
022 （動）　経営する

经营学
jīngyíngxué
039 （名）　経営学

九
jiǔ
046 （数）　九

旧
jiù
176 （形）　古くなった

就
jiù
121 （副）　まもなく、すぐに
242 （副）　（肯定を強調する）
　　　　　〜こそ

K

咖啡
kāfēi
022 （名）　コーヒー

开
kāi
132 （動）　①（スイッチを）い
　　　　　れる
　　　　　②（〜を）あける
161 （動）　開く

开始
kāishǐ
162 （動）　始まる

看
kàn
062 （動）　〜を見る
114 （動）　〜を読む

考试
kǎoshì
120 （動）　テストをする

渴
kě
139 （形）　のどがかわいている

可以
kěyǐ
080 （助動）　〜してよい
120 （助動）　〜できる
188 （形）　よい、わるくない

刻
kè
162 （量）　十五分単位で数える
　　　　　時間の単位

课
kè
047 （量）　課

课本
kèběn
075 （名）　教科書

课堂讨论
kètáng tǎolùn
226 （名）　ゼミ

空调
kōngtiáo
132 （名）　エアコン

口
kǒu
086 （量）　一家族の人数を数え
　　　　　る

裤子
kùzi
237 （名）　パンツ、ズボン

快
kuài
120 （副）　まもなく、すぐに
132 （副）　早く
189 （形）　速い

块
kuài
168 （048）
　　　（量）　貨幣単位 元 yuán の
　　　　　　口語表現

L

来
lái
106 （動）　来る
174 （動）　（買い物等で）〜だけ
　　　　　下さい
226 （動）　代動詞「〜する」

来得及
láidejí
234　　　（時間的に）間に合う

篮球
lánqiú
193 （名）　バスケットボール

老
Lǎo
050 （頭）　年上の人などに敬意
　　　　　を表す呼び方

老板
lǎobǎn
091 （名）　オーナー社長

劳驾
láojià
174　　　すみません！（人に
　　　　　何かを頼む時のあい
　　　　　さつ言葉）

老虎
lǎohǔ
025 （名）　トラ

姥姥
lǎolao
089 （名）　（母方の）お婆さん

老师
lǎoshī
068 （029）
　　　（名）　（学校の）先生、教師

老爷
lǎoye
089 （名）　（母方の）お爺さん

了
le
114 （助）　動詞のあとに加えて
　　　　　完了態を表す動態助
　　　　　詞
120 （助）　文末に加えて変化態
　　　　　を表す語気助詞

冷
lěng
147 （形）　さむい

离
lí
185 （介）　〜から（距離）

厘米
límǐ
153 （量）　センチメートル

李
Lǐ
030 （名）　人名

里边儿
lǐbianr
096（名）内側

李杰
Lǐ Jié
027（名）人名

礼物
lǐwù
176（名）プレゼント

里
li
092（名）～の中

练习
liànxí
023（名）練習
199（動）練習する

凉快
liángkuai
147（形）すずしい

两
liǎng
062（数）二、ふたつ

淋
lín
230（動）濡らす、濡れる

零
líng
046（数）ゼロ
168（数）空位を表す「とんで」

铃木
Língmù
030（名）人名

刘
Liú
030（名）人名

留学生
liúxuéshēng
040（名）留学生

六
liù
046（数）六

鲁迅
Lǔ Xùn
181（名）中国近代の文学者
　　　　（1881-1936）

驴
lǘ
014（名）ロバ

旅行
lǚxíng
120（動）旅行する

M

妈妈
māma
089（070）
（名）お母さん

马
mǎ
009（名）ウマ

马上
mǎshàng
234（副）すぐに

嘛
ma
168（助）道理から言って当然
そうであるという語
気を表す「～ではな
いか」

吗
ma
034（助）平叙文の末について
疑問の語気を表す

买
mǎi
182（動）～を買う

卖
mài
182（動）～を売る

慢
màn
189（形）遅い

猫
māo
021（名）ネコ

毛
máo
169（量）貨幣の補助単位。
角 jiǎo の口語表現

毛衣
máoyī
176（名）セーター

没
méi
080（副）否定副詞

没关系
méi guānxi
029　なんでもありません
214　だいじょうぶだ

没（有）
méi(yǒu)
114（副）否定副詞

每
měi
062（代）毎～

美国
Měiguó
070（名）アメリカ

每天
měi tiān
062　毎日

妹妹
mèimei
089（名）妹

闷热
mēnrè
142（形）むし暑い

门口
ménkǒu
238（名）入り口

米
mǐ
148（量）メートル

面包
miànbāo
023（名）パン

明年
míngnián
048（名）来年

明天
míngtiān
120（名）あした

明星
míngxīng
238（名）スター

名字
míngzi
027（名）名前

摩托车
mótuōchē
110（名） オートバイ、バイク

末班车
mòbānchē
218（名） 終電

母亲
mǔqin
089（名） 母親

N

哪
nǎ
076（代） どれ

哪里
nǎli
094（代） どこ

哪儿
nǎr
050（代） どこ

那
nà
062（接） それでは
074（代） あれ、それ、あの、
その　話し手から遠
いものを指す指示代
詞

那里
nàli
094（代） そこ、あそこ

那么
nàme
142（代） あんなに〜
156（接） それでは

那儿
nàr
094（代） そこ、あそこ

奶奶
nǎinai
089（名）（父方の）お婆さん

男
nán
041（形） 男性の〜

难
nán
056（形） 難しい

南边儿
nánbianr
096（名） 南側

难吃
nán chī
139 （食べて）まずい

呢
ne
068（助） 疑問の語気を表す
「〜は？」
120（助） 疑問代詞疑問文、反
復疑問文などの末尾
に加えて語気をやわ
らげる
132（助） 動作の進行、持続を
表す

能
néng
120（助動）〜できる

你
nǐ
027（代） あなた、きみ

你好
nǐ hǎo
027 こんにちは（相手が
一人の場合）

你看
nǐ kàn
238 ほら、ねえ

你们
nǐmen
027（代） あなたがた、
きみたち

你们好
nǐmen hǎo
027 こんにちは（相手が
二人以上の場合）

你早
nǐ zǎo
050 おはよう

年
nián
194（047）
（名） 年

年级
niánjí
044（名）〜年生

年纪
niánjì
045（名） 年齢、歳

念
niàn
100（065）
（動） 音読する

您
nín
027（代） 你 nǐ の敬語

牛
niú
021（名） ウシ

牛奶
niúnǎi
022（名） 牛乳

弄
nòng
234（動） する

弄坏
nònghuài
233 壊す

弄湿
nòngshī
237 濡らす

弄脏
nòngzāng
234 よごす

暖和
nuǎnhuo
147（形） あたたかい

女
nǚ
041（形） 女性の〜

O

哦
ò
200（嘆） ああ

P

爬
pá
148（動） 登る

排球
páiqiú
193（名） バレーボール

跑
pǎo
189（動） 走る

朋友
péngyou
194（名） 友だち

便宜
piányi
168（形）（値段が）安い

票
piào
176（名） チケット

漂亮
piàoliang
176（形） きれいだ

乒乓球
pīngpāngqiú
193（名） 卓球

葡萄
pútao
022（名） ぶどう

Q

七
qī
046（数） 七

骑
qí
107（動）（またがって）乗る

起床
qǐ chuáng
163　　起床する

汽车
qìchē
110（名） 自動車

千
qiān
148（数） 千

铅笔
qiānbǐ
080（名） 鉛筆（枝 zhī）

钱
qián
168（名） お金、貨幣

前边儿
qiánbianr
096（名） 前側

前年
qiánnián
048（名） おととし

前天
qiántiān
160（名） おととい

清淡
qīngdàn
138（形） あっさりしている

请
qǐng
100　　どうぞ〜してください
226（動） 兼語文で、「〜に〜してもらう」

秋天
qiūtiān
147（名） 秋

取
qǔ
206（動） 〜を受け取る

去
qù
106（動） 行く

去年
qùnián
048（名） 去年

劝
quàn
225（動） いさめる

全长
quáncháng
152（名） 全長

R

让
ràng
226（動） 兼語文で、「〜に〜させる」
230（介） 受け身表現で動作の送り手を表す「〜によって」

热
rè
132（形） 暑い

人
rén
086（名） 人、人間

人民币
rénmínbì
169（名） 中国の通貨、人民元

日本
Rìběn
068（名） 日本

日本人
Rìběnrén
068（名） 日本人

日语
Rìyǔ
214（名） 日本語

日元
rìyuán
168（名） 日本の通貨、日本円

日中词典
Rì-Zhōng cídiǎn
074（名） 日中辞典

容易
róngyì
056（形） 易しい

S

晒干
shàigān
237　　干して乾かす

三
sān
046（数） 三

山本
Shānběn
030（名） 人名

商店
shāngdiàn
206（名） 商店

上个月
shàng ge yuè
226　　先月

単語初出一覧表

253

上课
shàngkè
167　授業が始まる

上午
shàngwǔ
166（名）午前

上星期
shàng xīngqī
182　先週

上学
shàng xué
107　学校にかよう

少
shǎo
040（形）少ない

蛇
shé
014（名）ヘビ

社会学
shèhuìxué
039（名）社会学

谁
shéi（shuí）
068（028）
（代）だれ

身体
shēntǐ
050（名）体（健康状態について
いうことが多い）

什么
shénme
027（代）なに

什么时候
shénme shíhou
106　いつ、いつごろ

声
shēng
100（名）声調

生词
shēngcí
105（名）新出単語

生气
shēng qì
220　怒る、はらをたてる

生日
shēngri
156（名）誕生日

湿
shī
230（形）濡れている、
湿っている

狮子
shīzi
025（名）ライオン

十
shí
046（数）十

时候
shíhou
106（名）時、時分

食堂
shítáng
242（名）食堂

是
shì
034（動）〜は〜である

手
shǒu
055（名）手（手首より先をい
う）

手表
shǒubiǎo
168（048）
（名）腕時計

手机
shǒujī
213（名）携帯電話

受不了
shòubuliǎo
132　堪えられない、
たまらない

书
shū
075（名）本、書籍

书店
shūdiàn
099（名）書店

舒服
shūfu
050（形）気分がよい、
心地よい

暑假
shǔjià
106（名）夏休み

数码相机
shùmǎ xiàngjī
213（名）デジタルカメラ

睡
shuì
063（動）眠る

水饺
shuǐjiǎo
138（名）水ギョーザ

睡觉
shuì jiào
163　眠る、寝る

说
shuō
101（動）（〜について）いう、
話す

丝绸之路
Sīchóu zhī lù
142（名）シルクロード

四
sì
046（数）四

送
sòng
176（動）贈る、とどける

送行
sòngxíng
186（動）壮行会をする

岁
suì
044（036）
（量）〜歳（年齢を数える）

岁数
suìshu
044（名）年齢

T

他
tā
028（代）彼

她
tā
028（代）彼女

它
tā
028（代）それ

他们
tāmen
028 （代） 彼ら

她们
tāmen
028 （代） 彼女ら

它们
tāmen
028 （代） それら

台湾
Táiwān
070 （名） 台湾

太
tài
138 （副） 〜すぎる

太好了
tài hǎo le
126 それはいいですね

泰山
Tài Shān
148 （名） 山東省にある中国の
名山の一つ。主峰は
標高 1,524 メートル

疼
téng
050 （036）
（形） 痛い

踢
tī
189 （動） 蹴る、
（サッカーを）する

天
tiān
062 （047）
（名） 日

田中
Tiánzhōng
030 （名） 人名

条
tiáo
237 （量） 細長いものを数える
量詞

听
tīng
101 （065）
（動） 〜を聞く

听说
tīng shuō
142 聞くところによると〜

通
tōng
200 （助） 通じる

同学
tóngxué
068 （029）
（名） クラスメート

偷
tōu
230 （動） 〜を盗む

头
tóu
055 （名） 頭

图书馆
túshūguǎn
097 （名） 図書館

兔子
tùzi
025 （名） ウサギ

腿
tuǐ
055 （名） 足（足首より上をい
う）

退
tuì
206 （動） 返品する

脱
tuō
234 （動） 脱ぐ

W

外边儿
wàibianr
092 （名） （〜の）外

外语
wàiyǔ
056 （名） 外国語

外祖父
wàizǔfù
089 （名） （母方の）祖父

外祖母
wàizǔmǔ
089 （名） （母方の）祖母

完
wán
205 〜し終える

玩儿
wánr
126 （動） 遊ぶ

晚会
wǎnhuì
161 （名） 夜のパーティー

晚上
wǎnshang
166 （名） 夜

万
wàn
149 （数） 万

王
Wáng
030 （名） 人名

王英
Wáng Yīng
242 （名） 人名

网球
wǎngqiú
188 （名） テニス

微波炉
wēibōlú
213 （名） 電子レンジ

喂
wéi
200 （嘆） もしもし

为了
wèile
182 （介） 〜のために、
〜するために

为什么
wèi shénme
220 なぜ、なんのために

文学
wénxué
034 （名） 文学

问
wèn
136 （動） たずねる

我
wǒ
027 （代） わたし、ぼく

単語初出一覧表

我们
wǒmen
028（代）わたしたち、
　　　ぼくたち

我这儿
wǒ zhèr
214　　わたしのところ

乌龙茶
wūlóngchá
174（名）ウーロン茶

吴
Wú
030（名）人名

五
wǔ
046（数）五

物价
wùjià
168（名）物価

X

西安
Xī'ān
142（名）陝西省の省都

西班牙
Xībānyá
070（名）スペイン

西边儿
xībianr
092（名）（〜の）西側

西部
xībù
146（名）西部

吸尘器
xīchénqì
213（名）掃除機

喜欢
xǐhuan
062（動）〜を好む、
　　　　〜が好きだ

洗
xǐ
234（動）洗う

洗衣机
xǐyījī
213（名）洗濯機

下
xià
156　　次の〜

下回
xià huí
226　　次回

下课
xià kè
114　　授業が終る

夏天
xiàtiān
142（名）夏

下午
xiàwǔ
166（名）午後

下星期
xià xīngqī
182　　来週

下雪
xià xuě
241　　雪が降る

下雨
xià yǔ
241　　雨が降る

先
xiān
105（副）まず〜

羡慕
xiànmù
176（動）うらやむ

现在
xiànzài
162（048）
　　（名）現在、いま

相当
xiāngdāng
140（副）相当に〜

香港
Xiānggǎng
070（名）香港

想
xiǎng
176（助動）〜したい、
　　　　　〜したいと思う

向
xiàng
220（介）〜に

橡皮
xiàngpí
085（名）消しゴム（块 kuài）

小
xiǎo
040（形）小さい

小
Xiǎo
050（頭）〜くん、〜さん

小林
Xiǎolín
030（名）人名

小时
xiǎoshí
062（名）時間の単位〜个小时
　　　　　ge xiǎoshí で〜時間

小说
xiǎoshuō
181（名）小説

小心
xiǎoxīn
234（形）注意深い

写
xiě
101（動）〜を書く

谢谢
xièxie
029　　ありがとう

新
xīn
176（136）
　　（形）新しい

新加坡
Xīnjiāpō
070（名）シンガポール

辛辛苦苦地
xīnxīn-kǔkǔ de
182　　とても苦労して〜

星期
xīngqī
156（名）曜日
194（名）〜週、〜週間

星期二
xīngqī'èr
159（名）火曜日

星期几
xīngqī jǐ
156　　　何曜日

星期六
xīngqīliù
159（名）　土曜日

星期日
xīngqīrì
159（名）　日曜日

星期三
xīngqīsān
159（048）
　　（名）　水曜日

星期四
xīngqīsì
159（名）　木曜日

星期天
xīngqītiān
159（名）　日曜日

星期五
xīngqīwǔ
156（名）　金曜日

星期一
xīngqīyī
159（名）　月曜日

姓
xìng
027（動）（姓を）〜という

兄弟姐妹
xiōngdì jiěmèi
086（名）　兄弟姉妹

熊猫
xióngmāo
025（名）　パンダ

袖口
xiùkǒu
234（名）　そで口

学
xué
056（動）　〜を勉強する

学生
xuésheng
034（名）　学生

学习
xuéxí
034（動）　〜を勉強する

学校
xuéxiào
092（名）　学校

Y

眼睛
yǎnjing
055（名）　眼

羊
yáng
021（名）　ヒツジ

杨
Yáng
030（名）　人名

要
yào
111（動）　〜を要する
120（助動)動作や現象がもうす
　　　　ぐ起こることを示す
　　　　（ふつう文末に了 le
　　　　を加える）
138（動）　〜が欲しい
206（助動)〜する必要がある
220（助動)〜したい

要是
yàoshi
218（接）　もし〜ならば

爷爷
yéye
089（名）　（父方の）お爺さん

也
yě
034（副）　〜もまた〜

页
yè
105（名）　ページ

一
yī
046（数）　一

衣服
yīfu
230（134）
　　（名）　服

伊藤
Yīténg
030（名）　人名

医院
yīyuàn
097（名）　病院

一共
yígòng
174（副）　合計

一块儿
yíkuàir
188（副）　いっしょに

一样
yíyàng
142（形）　同様だ

已经
yǐjīng
114（副）　もう〜、すでに〜

以为
yǐwéi
205（動）　〜と思う

椅子
yǐzi
023（名）　いす

亿
yì
149（数）　億

一点儿
yìdiǎnr
148　　　少し、ちょっと

一起
yìqǐ
126（副）　いっしょに〜

音乐
yīnyuè
176（名）　音楽

音乐会
yīnyuèhuì
176（名）　コンサート

英国
Yīngguó
070（名）　イギリス

英语
Yīngyǔ
056（名）　英語

哟
yō
162（嘆）　軽い驚きを表す

単語初出一覧表

257

游
yóu
126（動） 泳ぐ

邮局
yóujú
097（名） 郵便局

油腻
yóunì
138（形） 油っこい

邮筒
yóutǒng
092（名） 郵便ポスト

游泳
yóu yǒng
126 水泳をする

有
yǒu
080（動） 〜をもっている
086（動） いる、ある

有点儿
yǒudiǎnr
050（副） ちょっと

又
yòu
220（205）
（副） また

右边儿
yòubianr
096（名） 右側

鱼
yú
100（名） さかな

愉快
yúkuài
183（形） たのしい

于是
yúshì
205（接） そこで

雨
yǔ
100（名） 雨

语法
yǔfǎ
056（名） 文法

羽毛球
yǔmáoqiú
193（名） バドミントン

雨伞
yǔsǎn
230（名） 雨傘

雨衣
yǔyī
230（名） レインコート

预习
yùxí
132（動） 予習する

元
yuán
169（量） 貨幣単位

圆珠笔
yuánzhūbǐ
080（名） ボールペン

远
yuǎn
041（形） 遠い

约
yuē
131（動） 誘う

月
yuè
106（047）
（名） 〜月

Z

杂志
zázhì
075（名） 雑誌

在
zài
092（動） 〜にある
132（副） 動詞の前に置いて進
行態を表す
182（介） 〜で

再
zài
100（副） もう〜、さらに〜
120（副） (〜して)それから

再见
zàijiàn
029 さようなら

脏
zāng
234（形） 汚れている、
きたない

糟了
zāo le
214 しまった

早
zǎo
050（形） 早い

早上
zǎoshang
166（136）
（名） 朝

怎么
zěnme
100（代） 方式をたずねる疑問
代詞 どのように
120（代） 原因、理由をたずね
る疑問代詞 なぜ

怎么办
zěnme bàn
226 どうしよう？

怎么了
zěnme le
230 どうしたの？

怎么样
zěnmeyàng
126（代） 〜はどうですか？

斋藤
Zhāiténg
030（名） 人名

站
zhàn
238（136）
（動） 立つ

张
Zhāng
030（名） 人名

张
zhāng
176（量） 平面を持っているも
のを数える。枚

赵
Zhào
030（名） 人名

折合
zhéhé
168（動） 換算する

这
zhè
074（048）
（代）これ、それ、この、
その

这回
zhè huí
226（205）今回

这里
zhèli
094（代）ここ、そこ

这么
zhème
142（代）こんなに〜

这儿
zhèr
092（代）ここ、そこ

着
zhe
132（助）動詞のあとに加えて
持続態を表す動態助
詞

真
zhēn
132（副）まったく、本当に

挣
zhèng
186（動）（働いてお金を）稼ぐ

正在
zhèngzài
132（副）動詞の前に置いて進
行態を表す

枝
zhī
080（量）〜本(筆などを数える)

只
zhī
168（048）
（量）時計を数える

知道
zhīdao
200（動）〜を知っている

只
zhǐ
162（副）ただ〜だけ

只有
zhǐyǒu
229（副）ただ〜だけが〜

中村
Zhōngcūn
030（名）人名

中国
Zhōngguó
068（名）中国

中国人
Zhōngguórén
068（名）中国人

中日词典
Zhōng-Rì cídiǎn
074（名）中日辞典

中文
Zhōngwén
181（名）中国語

中午
zhōngwǔ
166（名）昼どき

中学生
zhōngxuéshēng
091（名）中高生

种
zhǒng
174（量）種類を数える量詞

周
Zhōu
030（名）人名

猪
zhū
014（名）ブタ

住
zhù
214（動）住む、泊まる

祝你一路平安
zhù nǐ yílù píng'ān
182　お気をつけて（旅立
つ人に贈ることば）

字
zì
100（名）字

字典
zìdiǎn
074（名）①字典　字zìすなわ
ち単漢字を中心に解
説したもの
②字典、辞典、事典
など各種辞書の総称

自动铅笔
zìdòng qiānbǐ
085（名）シャープペンシル
（枝 zhī）

自行车
zìxíngchē
110（名）自転車

走
zǒu
106（動）出かける
189（動）歩く
205　〜して（その場を）
去る

足球
zúqiú
193（名）サッカー

祖父
zǔfù
089（名）（父方の）祖父

祖母
zǔmǔ
089（名）（父方の）祖母

嘴
zuǐ
055（名）くち

昨天
zuótiān
160（119）
（名）きのう

左边儿
zuǒbianr
096（名）左側

左右
zuǒ yòu
199（名）（概数を表す）〜くら
い

佐藤
Zuǒténg
030（名）人名

佐藤一郎
Zuǒténg Yīláng
027（名）人名

坐
zuò
106（動）（飛行機や自動車な
ど乗り物に）乗る
238（動）すわる

単語初出一覧表

座
zuò
238（量）建造物、山などどっ
しりした物を数える

做
zuò
086（動）〜をする

日本語索引

数字は中国語単語の初出ページを示しています。
ただし、先にポイント欄やメモ欄、練習問題に出てきて後に新出単語・補充単語欄に出てくる単語のばあいは、新出単語・補充単語欄の掲載ページを示しています。

【あ】

ああ
200 哦　　　ò

会う
220 见　　　jiàn

秋
147 秋天　　qiūtiān

あける
132 开　　　kāi

朝
166（136）
　　早上　　zǎoshang

あさって
160 后天　　hòutiān

あした
120 明天　　míngtiān

足（足首より下）
055 脚　　　jiǎo

足（足首より上）
055 腿　　　tuǐ

あそこ
094 那里　　nàli
094 那儿　　nàr

遊ぶ
126 玩儿　　wánr

あたたかい
147 暖和　　nuǎnhuo

新しい
176（136）
　　新　　　xīn

頭
055 头　　　tóu

あっ！
234 哎呀　　āiyā

暑い
132 热　　　rè

あっさりしている
138 清淡　　qīngdàn

あなた
027 你　　　nǐ
027 您　　　nín

あなたがた
027 你们　　nǐmen

兄
089 哥哥　　gēge

姉
086 姐姐　　jiějie

あの
074 那　　　nà

油っこい
138 油腻　　yóunì

～あまり
148 多　　　duō

雨傘
230 雨伞　　yǔsǎn

アメリカ
070 美国　　Měiguó

雨
100 雨　　　yǔ

雨が降る
241 下雨　　xià yǔ

あやまる
220 道歉　　dào qiàn

洗う
234 洗　　　xǐ

ありがとう
029 谢谢　　xièxie

ある
086 有　　　yǒu
092 在　　　zài

あるいは
062 或者　　huòzhě

歩く
189 走　　　zǒu

あれ
074 那　　　nà

あんなに
142 那么　　nàme

いう
101 说　　　shuō

家
086 家　　　jiā

イギリス
070 英国　　Yīngguó

いくつ
044 几　　　jǐ
168 多少　　duōshao

いくつか
181 几　　　jǐ

いくら
168 多少钱　duōshao qián

行く
106 去　　　qù

いさめる
225 劝　　　quàn

いす
023 椅子　　yǐzi

急いで
114 赶紧　　gǎnjǐn

痛い
050 （038）
　　疼　　　　téng

一
046 一　　　　yī

いつ（ごろ）
106 什么时候　shénme
　　　　　　　shíhou

いっしょに
126 一起　　　yìqǐ
188 一块儿　　yíkuàir

いったい
188 到底　　　dàodǐ

いつも
194 经常　　　jīngcháng

伊藤
030 伊藤　　　Yīténg

イヌ
021 狗　　　　gǒu

いま
162 （048）
　　现在　　　xiànzài

いましがた
234 刚才　　　gāngcái

妹
089 妹妹　　　mèimei

入り口
238 门口　　　ménkǒu

いる
086 有　　　　yǒu

ウーロン茶
174 乌龙茶　　wūlóngchá

受け取る
206 取　　　　qǔ

ウサギ
025 兔子　　　tùzi

ウシ
021 牛　　　　niú

後ろ側
096 后边儿　　hòubianr

歌う
065 唱　　　　chàng

内側
096 里边儿　　lǐbianr

（音や声が）美しい
212 好听　　　hǎotīng

うっかり
234 不小心　　bù xiǎoxīn

腕
055 胳膊　　　gēbo

腕時計
168 （048）
　　手表　　　shǒubiǎo

ウマ
009 马　　　　mǎ

海辺
126 海边儿　　hǎibiānr

うらやむ
176 羡慕　　　xiànmù

売る
182 卖　　　　mài

うれしい
131 高兴　　　gāoxìng

エアコン
132 空调　　　kōngtiáo

映画
214 电影　　　diànyǐng

英語
056 英语　　　Yīngyǔ

ええ？
226 啊　　　　á

駅
097 车站　　　chēzhàn

円（日本の通貨単位）
168 日元　　　rìyuán

鉛筆
080 铅笔　　　qiānbǐ

（飲んで）おいしい
139 好喝　　　hǎohē

（食べて）おいしい
138 好吃　　　hǎochī

王
030 王　　　　Wáng

王英
242 王英　　　Wáng Yīng

終える
205 完　　　　wán

多い
040 （036）
　　多　duō

大きい
040 大　　　　dà

大声で
242 大声地　　dàshēng de

オーストラリア
070 澳大利亚　Àodàlìyà

オートバイ
110 摩托车　　mótuōchē

オーナー社長
091 老板　　　lǎobǎn

大雪
242 大雪　　　dàxuě

お母さん
089 （070）
　　妈妈　　　māma

おかず
139 菜　　　　cài

お金
168 钱　　　　qián

お気をつけて
182 祝你一路平安
　　　　　　　zhù nǐ yílù
　　　　　　　píng'ān

起きる（起床する）
163 起床　qǐ chuáng

億
149 亿　yì

贈る
176 送　sòng

怒る
220 生气　shēng qì

お爺さん（父方）
089 爷爷　yéye

お爺さん（母方）
089 老爷　lǎoye

遅い
189 慢　màn

お父さん
089 爸爸　bàba

弟
089 弟弟　dìdi

おととい
160 前天　qiántiān

おととし
048 前年　qiánnián

おなか
050 肚子　dùzi

おなかがすいている
138 饿　è

おはよう
050 你早　nǐ zǎo

お婆さん（父方）
089 奶奶　nǎinai

お婆さん（母方）
089 姥姥　lǎolao

覚える
200 记　jì

（〜と）思う
205 以为　yǐwéi

おもしろい
242 好玩儿　hǎowánr

泳ぐ
126 游　yóu

音楽
176 音乐　yīnyuè

音読する
100 （065）
念　niàn

【か】

〜回
100 （047）
次　cì
101 遍　biàn

外国語
056 外语　wàiyǔ

会社員
086 公司职员 gōngsī
zhíyuán

買う
182 买　mǎi

換える
206 换　huàn

帰ってくる
167 回来　huílai

帰る
206 回　huí

書く
101 写　xiě

学生
034 学生　xuésheng

（電話を）かける
200 （185）
打　dǎ

傘をさす
233 打伞　dǎ sǎn

稼ぐ
186 挣　zhèng

風が吹く
241 刮风　guā fēng

ガチョウ
009 鹅　é

〜月
106 （047）
月　yuè

学校
092 学校　xuéxiào

学校にかよう
107 上学　shàng xué

学校の勉強
132 功课　gōngkè

家庭
086 家　jiā

カナダ
070 加拿大　Jiānádà

金
168 钱　qián

彼女
028 她　tā

彼女ら
028 她们　tāmen

貨幣
168 钱　qián

雷が鳴る
241 打雷　dǎ léi

火曜日
159 星期二　xīngqī'èr

〜から（起点）
185 从　cóng

〜から（距離）
185 离　lí

体
050 身体　shēntǐ

借りる
080 借 jiè

彼
028 他 tā

彼ら
028 他们 tāmen

韓国
070 韩国 Hánguó

換算する
168 折合 zhéhé

甘粛省
146 甘肃省 Gānsù Shěng

機関車
110 火车 huǒchē

聞く
101 (065)
听 tīng

聞くところによると
142 听说 tīng shuō

汽車
110 火车 huǒchē

起床する
163 起床 qǐ chuáng

北側
096 北边儿 běibianr

きたない
234 脏 zāng

きのう
160 (119)
昨天 zuótiān

気分がよい
050 舒服 shūfu

きみ
027 你 nǐ

きみたち
027 你们 nǐmen

九
046 九 jiǔ

球技をする
188 打 dǎ

牛乳
022 牛奶 niúnǎi

急用
120 急事 jíshì

きょう
142 (048)
今天 jīntiān

教科書
075 课本 kèběn

ギョーザ
138 饺子 jiǎozi

教師
068 老师 lǎoshī

兄弟姉妹
086 兄弟姐妹 xiōngdì jiěmèi

去年
048 去年 qùnián

着る
233 (134)
穿 chuān

きれいだ
176 漂亮 piàoliang

キロメートル
126 公里 gōnglǐ

極めて
188 极了 jí le

金曜日
156 星期五 xīngqīwǔ

具合が悪い
050 不舒服 bù shūfu

空腹だ
138 饿 è

(〜を)下さい
174 来 lái

くち
055 嘴 zuǐ

口げんかする
220 吵嘴 chǎo zuǐ

〜くらい
199 左右 zuǒ yòu

クラス
242 班 bān

クラスメート
068 (029)
同学 tóngxué

来る
106 来 lái

苦労して
182 辛辛苦苦地 xīnxīn-kǔkǔ de

〜くん
050 小 Xiǎo

経営する
022 经营 jīngyíng

経営学
039 经营学 jīngyíngxué

経済学
039 经济学 jīngjìxué

携帯電話
213 手机 shǒujī

消しゴム
085 橡皮 xiàngpí

月曜日
159 星期一 xīngqīyī

蹴る
189 踢 tī

現在
162 (048)
现在 xiànzài

現代
181 当代　　　dāngdài

五
046 五　　　　wǔ

呉
030 吴　　　　Wú

黄
030 黄　　　　Huáng

公園
097 公园　　　gōngyuán

黄河
152 黄河　　　Huáng Hé

航空チケット
182 机票　　　jīpiào

合計
174 一共　　　yígòng

黄山
148 黄山　　　Huáng Shān

紅茶
022 红茶　　　hóngchá

コーヒー
022 咖啡　　　kāfēi

黒板
022 黑板　　　hēibǎn

ここ
092 这儿　　　zhèr
094 这里　　　zhèli

午後
166 下午　　　xiàwǔ

心地よい
050 舒服　　　shūfu

故障している
206 坏　　　　huài

午前
166 上午　　　shàngwǔ

～こそ
242 就　　　　jiù

今年
044 今年　　　jīnnián

この
074 (048)
　　　这　　　zhè

好む
062 喜欢　　　xǐhuan

小林
030 小林　　　Xiǎolín

ごめんなさい
029 对不起　　duìbuqǐ

ゴルフ
193 高尔夫球　gāo'ěrfūqiú

これ
074 (048)
　　　这　　　zhè

壊す
233 弄坏　　　nònghuài

今回
226 (205)
　　　这回　　zhè huí

コンサート
176 音乐会　　yīnyuèhuì

こんなに
142 这么　　　zhème

こんにちは
(相手が一人の場合)
027 你好　　　nǐ hǎo

こんにちは
(相手が二人以上の場合)
027 你们好　　nǐmen hǎo

コンピューター
213 电脑　　　diànnǎo

【さ】

～歳
044 (036)
　　　岁　　　suì

最高に
188 极了　　　jí le

斉藤
030 斋藤　　　Zhāiténg

さかな
100 鱼　　　　yú

誘う
131 约　　　　yuē

冊
074 本　　　　běn

サッカー
193 足球　　　zúqiú

サッカーをする
189 踢　　　　tī

さっき
234 刚才　　　gāngcái

雑誌
075 杂志　　　zázhì

佐藤
030 佐藤　　　Zuǒténg

佐藤一郎
027 佐藤一郎　Zuǒténg
　　　　　　　Yīláng

さむい
147 冷　　　　lěng

さようなら
029 再见　　　zàijiàn

さらいねん
048 后年　　　hòunián

さらに
100 再　　　　zài
142 (206)
　　　还　　　hái

去る
205 走　　　　zǒu

～さん
050 小　　　　Xiǎo

三
046 三　　　sān

字
100 字　　　zì

〜時
162 (048)
　　点　　　diǎn

試合
162 比赛　　bǐsài

次回
226 下回　　xià huí

しかし
142 (119)
　　但是　　dànshì

〜時間
062 小时　　xiǎoshí

仕事
086 工作　　gōngzuò

辞書
074 字典　　zìdiǎn

〜したい
220 要　　　yào

〜したい（と思う）
176 想　　　xiǎng

〜したばかり
206 刚　　　gāng

知っている
200 知道　　zhīdao

〜してよい
080 可以　　kěyǐ

字典
074 字典　　zìdiǎn

辞典
074 词典　　cídiǎn

自転車
110 自行车　zìxíngchē

自動車
110 汽车　　qìchē

〜しないでください
220 不要　　búyào

〜しなければならない
220 (119)
　　得　　　děi

〜時半
163 半　　　bàn

時分
106 时候　　shíhou

しまった
214 糟了　　zāo le

湿っている
230 湿　　　shī

閉める
132 关　　　guān

社会学
039 社会学　shèhuìxué

シャープペンシル
085 自动铅笔　zìdòng qiānbǐ

社長
091 老板　　lǎobǎn

シャツ
234 衬衫　　chènshān

周
030 周　　　Zhōu

〜週（間）
194 星期　　xīngqī

十
046 十　　　shí

終電
218 末班车　mòbānchē

授業が終る
114 下课　　xià kè

授業が始まる
167 上课　　shàngkè

小説
181 小说　　xiǎoshuō

商店
206 商店　　shāngdiàn

食事をする
234 吃饭　　chī fàn

食堂
182 饭馆儿　fànguǎnr
242 食堂　　shítáng

女性の
041 女　　　nǚ

書籍
075 书　　　shū

しょっちゅう
194 经常　　jīngcháng

書店
099 书店　　shūdiàn

シルクロード
142 丝绸之路　Sīchóu zhī lù

シンガポール
070 新加坡　Xīnjiāpō

新出単語
105 生词　　shēngcí

身長
238 个子　　gèzi

人民元
169 人民币　rénmínbì

水泳をする
126 游泳　　yóu yǒng

水ギョーザ
138 水饺　　shuǐjiǎo

スイッチをいれる
132 开　　　kāi

スイッチを切る
132 关　　　guān

水曜日
159（048）
星期三　　xīngqīsān

好きだ
062　喜欢　　xǐhuan

〜すぎる
138　太　　tài

少ない
040　少　　shǎo

すぐに
120　快　　kuài
121　就　　jiù
234　马上　　mǎshàng

スケートをする
237　滑冰　　huá bīng

少し
148　一点儿　　yìdiǎnr

過ごす
186　度过　　dùguò

鈴木
030　铃木　　Língmù

すずしい
147　凉快　　liángkuai

スター
238　明星　　míngxīng

すっかり
230　都〜了　　dōu~le

ずっと
149　〜得多　　deduō

すでに
114　已经　　yǐjīng

すばらしい
192　不错　　búcuò

スペイン
070　西班牙　　Xībānyá

ズボン
237　裤子　　kùzi

すみません！
174　劳驾　　láojià

住む
214　住　　zhù

する
086　做　　zuò
234　弄　　nòng

する（代動詞）
226　来　　lái

（仕事を）する
182　干　　gàn

（積極的に）する
106　干　　gàn

〜するために
182　为了　　wèile

〜するつもりだ
226（161）
打算　　dǎsuan

〜するな
220　不要　　búyào

〜する必要がある
206　要　　yào

すわる
238　坐　　zuò

西安
142　西安　　Xī'ān

西部
146　西部　　xībù

セーター
176　毛衣　　máoyī

背の高い人
238　高个子　　gāo gèzi

ゼミ
226　课堂讨论　　kètáng
　　　　　　　　tǎolùn

ゼロ
046　零　　líng

千
148　千　　qiān

先月
226　上个月　　shàng ge yuè

先週
182　上星期　　shàng xīngqī

先生
068（029）
老师　　lǎoshī

洗濯機
213　洗衣机　　xǐyījī

センチメートル
153　厘米　　límǐ

全長
152　全长　　quáncháng

壮行会をする
186　送行　　sòngxíng

掃除機
213　吸尘器　　xīchénqì

相当に
140　相当　　xiāngdāng

そこ
092　这儿　　zhèr
094　那里　　nàli
094　那儿　　nàr
094　这里　　zhèli

そこで
205　于是　　yúshì

そで口
234　袖口　　xiùkǒu

（〜の）外
092　外边儿　　wàibianr

その
074　那　　nà
074（048）
这　　zhè

そのとおり
056　对　　duì

日本語索引

祖父（父方）
089　祖父　　zǔfù

祖父（母方）
089　外祖父　wàizǔfù

祖母（父方）
089　祖母　　zǔmǔ

祖母（母方）
089　外祖母　wàizǔmǔ

それ
028　它　　　tā
074　那　　　nà
074　（048）
　　　这　　　zhè

（～して）それから
120　再　　　zài

それでは
062　那　　　nà
156　那么　　nàme

それはいいですね
126　太好了　tài hǎo le

それほど～でない
056　不太　　bú tài

それら
028　它们　　tāmen

【た】

第
100　（047）
　　　第　　　dì

大学
040　大学　　dàxué

大学生
091　大学生　dàxuéshēng

泰山
148　泰山　　Tài Shān

だいじょうぶ
138　不要紧　bú yàojǐn
214　没关系　méi guānxi

台湾
070　台湾　　Táiwān

堪えられない
132　受不了　shòubuliǎo

高い
148　高　　　gāo

（値段が）高い
168　（141）
　　　贵　　　guì

高橋
030　高桥　　Gāoqiáo

タクシー
110　出租汽车　chūzū qìchē

たずねる
136　问　　　wèn

正しい
056　对　　　duì

ただ～だけ
162　只　　　zhǐ

ただ～だけが～
229　只有　　zhǐyǒu

立つ
238　（136）
　　　站　　　zhàn

卓球
193　乒乓球　pīngpāngqiú

田中
030　田中　　Tiánzhōng

たのしい
183　愉快　　yúkuài

たぶん
205　大概　　dàgài

食べる
138　吃　　　chī

たまらない
132　受不了　shòubuliǎo

だめです
081　不行　　bùxíng

だれ
068　（028）
　　　谁　　　shéi (shuí)

誕生日
156　生日　　shēngri

男性の
041　男　　　nán

小さい
040　小　　　xiǎo

チーム
194　队　　　duì

近い
041　近　　　jìn

近く
099　附近　　fùjìn

地下鉄
110　地铁　　dìtiě

チケット
176　票　　　piào

父親
089　父亲　　fùqin

注意深い
234　小心　　xiǎoxīn

中高生
091　中学生　zhōngxuéshēng

中国
068　中国　　Zhōngguó

中国語
056　汉语　　Hànyǔ
181　中文　　Zhōngwén

中国人
068　中国人　Zhōngguórén

中日辞典
074　中日词典　Zhōng-Rì
　　　　　　　cídiǎn

張
030 张　　　Zhāng

趙
030 赵　　　Zhào

長江
152 长江　　Cháng Jiāng

ちょっと
050 有点儿　yǒudiǎnr
148 一点儿　yìdiǎn

陳
030 陈　　　Chén

通じる
200 通　　　tōng

次の
156 下　　　xià

手（手首より先）
055 手　　　shǒu

～で
182 在　　　zài

出かける
106 走　　　zǒu

～できる
120 可以　　kěyǐ
120 能　　　néng
126 （188）
　　会　　　huì

デジタルカメラ
213 数码相机　shùmǎ
　　　　　　　xiàngjī

テストをする
120 考试　　kǎoshì

テニス
188 网球　　wǎngqiú

出る
238 出　　　chū

テレビ（受像機）
206 电视机　diànshìjī

テレビ（放送）
062 电视　　diànshì

テレビ局
238 电视台　diànshìtái

電気炊飯器
213 电饭锅　diànfànguō

電車
110 电车　　diànchē

電子レンジ
213 微波炉　wēibōlú

電話
200 （185）
　　电话　　diànhuà

～と
142 跟　　　gēn
056 （194）
　　和　　　hé

～という（姓をいう）
027 姓　　　xìng

～という
（名あるいはフルネームをいう）
027 叫　　　jiào

ドイツ
070 德国　　Déguó

どういたしまして
029 不客气　bú kèqi

東京
142 东京　　Dōngjīng

どうしたの？
230 怎么了　zěnme le

どうしよう？
226 怎么办　zěnme bàn

どうぞ～してください
100 请　　　qǐng

（～は）どうですか？
126 怎么样　zěnmeyàng

同様だ
142 一样　　yíyàng

道理で～だ
194 怪不得　guàibude~

道理をわきまえる
220 讲理　　jiǎng lǐ

遠い
041 远　　　yuǎn

時
106 时候　　shíhou

どこ
050 哪儿　　nǎr
094 哪里　　nǎli

歳
045 年纪　　niánjì

図書館
097 图书馆　túshūguǎn

どちらも
044 都　　　dōu

とても
040 （036）
　　很　　　hěn
040 非常　　fēicháng

とどける
176 送　　　sòng

どのように
100 怎么　　zěnme

泊まる
214 住　　　zhù

友だち
194 朋友　　péngyou

土曜日
159 星期六　xīngqīliù

トラ
025 老虎　　lǎohǔ

どれ
076 哪　　　nǎ

どれくらいの
（年齢などをたずねる）
044 多大　　duō dà

トロリーバス
110 电车　　　diànchē

敦煌
142 敦煌　　　Dūnhuáng

とんで（空位を表す）
168 零　　　　líng

【な】

（〜の）中
092 里　　　　li

長い
152 长　　　　cháng

中村
030 中村　　　Zhōngcūn

なぜ
120 怎么　　　zěnme
220 为什么　　wèi shénme

夏
142 夏天　　　xiàtiān

夏休み
106 暑假　　　shǔjià

夏休みになる
120 放暑假　　fàng shǔjià

七
046 七　　　　qī

なに
027 什么　　　shénme

名前
027 名字　　　míngzi

なんて
230 好　　　　hǎo

なんでもありません
029 没关系　　méi guānxi

なんのために
220 为什么　　wèi shénme

何曜日
156 星期几　　xīngqī jǐ

〜に
185 (206)
　　给　　　gěi
220 向　　　　xiàng

二
046 二　　　　èr
062 两　　　　liǎng

〜に〜させる
226 叫　　　　jiào
226 让　　　　ràng

西側
092 西边儿　　xībianr

〜に〜してもらう
226 请　　　　qǐng

日
062 (047)
　　天　　　tiān
156 (048)
　　号　　　hào

日曜日
159 星期日　　xīngqīrì
159 星期天　　xīngqītiān

日中辞典
074 日中词典　Rì-Zhōng
　　　　　　　cídiǎn

日本
068 日本　　　Rìběn

日本語
214 日语　　　Rìyǔ

日本人
068 日本人　　Rìběnrén

〜によって
230 被　　　　bèi
230 叫　　　　jiào
230 让　　　　ràng

ニワトリ
014 鸡　　　　jī

人間
086 人　　　　rén

脱ぐ
234 脱　　　　tuō

盗む
230 偷　　　　tōu

濡らす
230 淋　　　　lín
237 弄湿　　　nòngshī

濡れている
230 湿　　　　shī

濡れる
230 淋　　　　lín

ねえ
238 你看　　　nǐ kàn

ネコ
021 猫　　　　māo

熱を出す、熱が出る
125 发烧　　　fā shāo

眠る
063 睡　　　　shuì
163 睡觉　　　shuì jiào

寝る
163 睡觉　　　shuì jiào

年
194 (047)
　　年　　　nián

〜年生
044 年级　　　niánjí

年齢
044 岁数　　　suìshu
045 年纪　　　niánjì

ノート
085 笔记本　　bǐjìběn

〜のために
182 为了　　　wèile
206 给　　　　gěi

のどがかわいている
139 渴　　　　kě

〜の番だ
226 该 gāi

登る
148 爬 pá

飲む
139 喝 hē

乗り合いバス
110 公共汽车 gōnggòng qìchē
110 公交车 gōngjiāochē

(自転車やバイクに)
乗る
107 骑 qí

(飛行機や電車、自動車などに)
乗る
106 坐 zuò

【は】

(夜の)パーティー
161 晚会 wǎnhuì

バイク
110 摩托车 mótuōchē

はさみ
085 剪刀 jiǎndāo

はじめて
167 第一次 dì-yí cì

始まる
162 开始 kāishǐ

走る
189 跑 pǎo

(〜の)はずだ
206 会 huì

バスケットボール
193 篮球 lánqiú

バス停
097 车站 chēzhàn

八
046 八 bā

発音
056 发音 fāyīn

発熱する
125 发烧 fā shāo

発表する
226 讲 jiǎng

〜は〜である
034 是 shì

バドミントン
193 羽毛球 yǔmáoqiú

鼻
055 鼻子 bízi

話す
101 说 shuō

母親
089 母亲 mǔqin

早い
050 早 zǎo

速い
189 快 kuài

早く
132 快 kuài

はらをたてる
220 生气 shēng qì

春
147 春天 chūntiān

バレーボール
193 排球 páiqiú

パン
023 面包 miànbāo

番号
200 号码 hàomǎ

パンダ
025 熊猫 xióngmāo

パンツ
237 裤子 kùzi

比較的
138 比较 bǐjiào

東側
096 东边儿 dōngbianr

低い
149 低 dī

飛行機
106 飞机 fēijī

非常に
040 非常 fēicháng

左側
096 左边儿 zuǒbianr

ヒツジ
021 羊 yáng

(〜する)必要がない
206 不用 búyòng

ひと
086 人 rén

百
148 (048)
百 bǎi

病院
097 医院 yīyuàn

病気
125 病 bìng

開く
105 打开 dǎkāi
161 开 kāi

ビル
238 大楼 dàlóu

昼どき
166 中午 zhōngwǔ

不快だ
050 不舒服 bù shūfu

附近
099 附近 fùjìn

日本語索引

271

服
230 （134）
衣服　　　yīfu

復習する
132 复习　　fùxí

富士山
149 富士山　Fùshì Shān

ブタ
014 猪　　　zhū

ふたつ
062 两　　　liǎng

物価
168 物价　　wùjià

ぶどう
022 葡萄　　pútao

船
110 船　　　chuán

冬
147 冬天　　dōngtiān

ブラウス
234 衬衫　　chènshān

フランス
070 法国　　Fǎguó

フランス語
079 法语　　Fǎyǔ

プリンター
213 打印机　dǎyìnjī

古くなった
176 旧　　　jiù

プレゼント
176 礼物　　lǐwù

〜分
163 （048）
分　　　fēn

〜分（間）
162 分钟　　fēnzhōng

文学
034 文学　　wénxué

文法
056 语法　　yǔfǎ

〜分前
163 差　　　chà

ページ
105 页　　　yè

北京
040 北京　　Běijīng

北京大学
040 北京大学　Běijīng
　　　　　　　Dàxué

ヘビ
014 蛇　　　shé

勉強する
034 学习　　xuéxí
056 学　　　xué

返品する
206 退　　　tuì

報告
114 报告　　bàogào

法律（学）
034 法律　　fǎlǜ

法律学
039 法学　　fǎxué

ボールペン
080 圆珠笔　yuánzhūbǐ

ぼく
027 我　　　wǒ

ぼくたち
028 我们　　wǒmen

欲しい
138 要　　　yào

干して乾かす
237 晒干　　shàigān

ほら
238 你看　　nǐ kàn

本
075 书　　　shū

〜本
080 枝　　　zhī

香港
070 香港　　Xiānggǎng

本当に
132 真　　　zhēn

【ま】

枚
176 张　　　zhāng

毎〜
062 每　　　měi

毎日
062 每天　　měi tiān

前側
096 前边儿　qiánbianr

まず
105 先　　　xiān

（食べて）まずい
139 难吃　　nán chī

まずまず
188 还　　　hái

また
206 还　　　hái
220 （205）
又　　　yòu

まだ
114 还　　　hái

間違っている
200 （065）
错　　　cuò

待つ
195 等　　　děng

まったく
132 真 zhēn

窓
132 窗户 chuānghu

間に合う
234 来得及 láidejí

間に合わない
218 赶不上 gǎnbushàng

まもなく
120 快 kuài
121 就 jiù

万
149 万 wàn

右側
096 右边儿 yòubianr

短い
152 短 duǎn

南側
096 南边儿 nánbianr

身につける
207 带 dài

耳
055 耳朵 ěrduo

ミリメートル
153 毫米 háomǐ

見る
062 看 kàn

みんな
044 都 dōu

向かい側
238 对面 duìmiàn

むし暑い
142 闷热 mēnrè

難しい
056 难 nán

眼
055 眼睛 yǎnjing

メートル
148 米 mǐ

もう
100 再 zài
114 已经 yǐjīng

木曜日
159 星期四 xīngqīsì

もし～ならば
218 要是 yàoshi

もしもし
200 喂 wéi

もちろん
080 当然 dāngrán

持つ
207 带 dài

もっている
080 有 yǒu

もっと
142 还 hái

物
176 东西 dōngxi

～もまた
034 也 yě

【や】

野球
162 棒球 bàngqiú

易しい
056 容易 róngyì

安い
168 便宜 piányi

やっと
218 才 cái

やはり
229 还是 háishi

山本
030 山本 Shānběn

郵便局
097 邮局 yóujú

郵便ポスト
092 邮筒 yóutǒng

雪が降る
241 下雪 xià xuě

よい
050 (029)
好 hǎo
188 可以 kěyǐ
192 不错 búcuò

楊
030 杨 Yáng

要する
111 要 yào

曜日
156 星期 xīngqī

よごす
234 弄脏 nòngzāng

汚れている
234 脏 zāng

予習する
132 预习 yùxí

読む
114 看 kàn

～よりも
142 比 bǐ

夜
166 晚上 wǎnshang

喜ぶ
131 高兴 gāoxìng

四
046 四 sì

【ら】

ライオン
025 狮子 shīzi

日本語索引

273

来週
182 下星期　xià xīngqī

来年
048 明年　míngnián

李
030 李　Lǐ

理解する
214（065）
　　懂　dǒng

李杰
027 李杰　Lǐ Jié

劉
030 刘　Liú

留学生
040 留学生　liúxuéshēng

料理
139 菜　cài

旅行する
120 旅行　lǚxíng

冷蔵庫
213 电冰箱　diànbīngxiāng

レインコート
230 雨衣　yǔyī

レストラン
182 饭馆儿　fànguǎnr

列車
110 火车　huǒchē

レポート
114 报告　bàogào

練習（する）
199（023）
　　练习　liànxí

六
046 六　liù

ロシア
070 俄罗斯　Éluósī

魯迅
181 鲁迅　Lǔ Xùn

ロバ
014 驴　lǘ

【わ】

わかる
214（065）
　　懂　dǒng

わたし
027 我　wǒ

わたしたち
028 我们　wǒmen

わたしのところ
214 我这儿　wǒ zhèr

渡辺
030 渡边　Dùbiān

渡辺由美
027 渡边由美　Dùbiān
　　　　　　Yóuměi

わるい
206 坏　huài

わるくない
188 可以　kěyǐ

〜を
234 把　bǎ

著 者

大石智良（おおいし　ちよし）
凌 志 偉（りょう　しい）
曽 士 才（そう　しさい）
千野明日香（せんの　あすか）
鈴木　靖（すずき　やすし）
　　　法政大学中国語初級教科書の会

CD 吹込

呉志剛・陳浩・梁月軍

イラスト

オ・ギョンジン

＊本書は『ポイント学習 中国語初級 ［改訂版］』の付属 CD を音声ダウンロード方式
にしたもので、内容に変更はありません。

ポイント学習 中国語初級 ［改訂版］（音声ダウンロード方式）

1993 年 8 月 30 日　　初　版第 1 刷発行
1999 年 3 月 25 日　　新装版第 1 刷発行
2010 年 3 月 5 日　　改訂版第 1 刷発行
2024 年 3 月 25 日　　改訂版第15刷発行
2025 年 3 月 25 日　　改訂版（音声 DL 方式）第1刷発行

著　者●大石智良・凌志偉・曽士才・千野明日香・鈴木靖
発行者●間宮伸典
発行所●株式会社東方書店
　　　　東京都千代田区神田神保町 1-3　〒 101-0051
　　　　電話（03）3294-1001　営業電話（03）3937-0300
装幀・レイアウト●向井裕一
印　刷●株式会社平河工業社
製　本●協栄製本株式会社
音声製作●株式会社東京録音

定価はカバーに表示してあります

ⓒ1993 大石志げ子・凌志偉・曽士才・千野明日香・鈴木靖　　Printed in Japan
ISBN978-4-497-22506-1 C3087
乱丁・落丁本はお取り替え致します。恐れ入りますが直接本社へご郵送ください。
Ⓡ 本書を無断で複写複製（コピー）することは、著作権法上での例外を除き、禁じられています。
本書をコピーされる場合は、事前に日本複製権センター（JRRC）の許諾を受けてください。
JRRC〈http://www.jrrc.or.jp　E メール：info@jrrc.or.jp　電話：03-3401-2382〉
小社ホームページ〈中国・本の情報館〉で小社出版物のご案内をしております。
https://www.toho-shoten.co.jp/

好評発売中
（価格 10％税込）

東方中国語辞典

相原茂・荒川清秀・大川完三郎主編／中国人の身近なことばや用例を多数収録。付録も充実。学習やビジネスに威力を発揮。斬新なデザインと 2 色刷りで引き易い中国語辞典。…… 四六判 2120 頁◎税込 5500 円（本体 5000 円）978-4-497-20312-0

やさしくくわしい
中国語文法の基礎
改訂新版

守屋宏則・李軼倫著／充実した検索機能など、旧版の長所はそのままに、例文を全面的に見直し、解説もアップデート。例文には日本語訳とピンインを付す。
……………………… A5 判 380 頁◎税込 2640 円（本体 2400 円）978-4-497-21918-3

文章力をワンランク上げる
中国語接続詞用法辞典

劔重依子・木山愛莉・喬秦寧編著／接続詞 200 個を厳選。解説は簡潔にし例文を多く収録することで、実例からニュアンスや使い方をマスターできるようにしている。…………… 四六判 480 頁◎税込 2970 円（本体 2700 円）978-4-497-22306-7

HSK5 級 読む聴く覚える 1300
〔音声ダウンロード方式、チェックシート付き〕

田芳・安明姫著／HSK5 級要綱の新出語彙 1300 語を組み入れた短文 28 篇、長文 28 篇を収録。試験対策のほか、聴力、閲読のレベルを高めたい学習者にも有用。
……………………… A5 判 192 頁◎税込 2640 円（本体 2400 円）978-4-497-22211-4

中国語実況講義

橋本陽介著／かゆいところに手が届く親切設計の中国語初級テキスト。練習問題が音声による問答形式になっており、スピーキングの練習もできる。音声ダウンロード方式。……… A5 判 304 頁◎税込 2640 円（本体 2400 円）978-4-497-22008-0

東方書店ホームページ〈中国・本の情報館〉https://www.toho-shoten.co.jp/